广西优秀传统文化
出版工程

"考古广西"丛书

洞穴隐藏的秘密

杨清平　陈紫茹　著

扫码获取更多资源

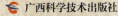

广西科学技术出版社
·南宁·

图书在版编目（CIP）数据

洞穴隐藏的秘密 / 杨清平，陈紫茹著 . -- 南宁：
广西科学技术出版社，2024. 12. -- （"考古广西"丛书）.
-- ISBN 978-7-5551-2342-2

Ⅰ. K878. 304

中国国家版本馆 CIP 数据核字第 2024DF5824 号

洞穴隐藏的秘密

杨清平　陈紫茹　著

出 版 人：岑 刚　　　　　　　装帧设计：刘瑞锋　阳玳玮　韦娇林
项目统筹：罗煜涛　　　　　　　排版制作：俸萍利
项目协调：何杏华　　　　　　　责任校对：冯 靖
责任编辑：李 媛　黄焕庭　程 思　责任印制：陆 弟

出版发行：广西科学技术出版社
社　　址：广西南宁市东葛路 66 号
邮政编码：530023
网　　址：http://www.gxkjs.com

印　　刷：广西民族印刷包装集团有限公司

开　　本：889 mm × 1240 mm　　1/32
印　　张：5
字　　数：108 千字
版　　次：2024 年 12 月第 1 版
印　　次：2024 年 12 月第 1 次印刷
书　　号：ISBN 978-7-5551-2342-2
定　　价：32.00 元

质量服务承诺：如发现缺页、错页、倒装等印装质量问题，可联系本社调换。
服务电话：0771-5871817

总序

在中国辽阔的南方边陲，广西这片被自然与人文双重雕琢的神奇土地，自古以来便是中华民族多元文化的交流、交往和交融之地。它不仅是中华民族多元文化璀璨共融的见证者，更是文化的建设者和传承者。这里，山川秀美，草木葳蕤，河流纵横，众多民族在这里和谐共融、安居乐业，留下的丰厚历史文化遗产，成为中华文明不可或缺的一抹亮丽底色。

在古老而又充满活力的八桂大地上，有无数珍贵的文化遗产。它们或隐藏于幽深的洞穴，或散布于辽阔的田野，或依偎在蜿蜒而过的河边，或深藏于繁华的闹市……这些宝贵的文化遗产，是社会发展轨迹和文明进程的缩影。它们不仅见证了广西悠久而辉煌的历史，而且还蕴含着古人的智慧和精神，是我们根系过去、枝连现在、启迪未来的重要财富，更是我们文化自信的重要来源。

站在新的历史起点上，文化自信被赋予新的时代内涵和历史使命。党的二十大报告指出，要坚守中华文化立场，提炼展

总序

示中华文明的精神标识和文化精髓，加快构建中国话语和中国叙事体系，讲好中国故事、传播好中国声音，展现可信、可爱、可敬的中国形象。党的十八大以来，习近平总书记三次深入广西考察调研并发表重要讲话，充分体现了以习近平同志为核心的党中央对广西工作的高度重视和对八桂各族人民的深切关怀。2017年4月19日，习近平总书记在广西考察的第一站，就是合浦县汉代文化博物馆。习近平总书记在考察中指出，中华民族历史悠久，中华文明源远流长，中华文化博大精深，一个博物馆就是一所大学校。要加强文物保护和利用，加强历史研究和传承，使中华优秀传统文化不断发扬光大。广西优秀传统文化是中华文明宝库中的璀璨明珠，深受中华文化的滋养，同时又展现出鲜明的地方特色。广西优越的地理位置赋予了其独特的地位和重要的历史定位。自秦代以来，灵渠、海上丝绸之路的开通，使广西成为"北上中原，南下南洋"的交通要道。广西利用自身的地理位置优势承接了国家对外经济文化交流的重任，同时形成了独具特色的地方传统文化。广泛分布且各呈异彩的不同时代的文化遗产，承载着灿烂文明，成为今天见证历史，服务国家、民族发展大略，服务经济社会发展，凝聚民族团结之力，提升民族自信心的重要载体。

文化自信是一个国家、一个民族发展中最基本、最深沉、最持久的力量。2020年9月28日，习近平总书记在十九届中央政治局第二十三次集体学习时的讲话指出，"考古发现展示了中华文明的灿烂成就。我国考古发现的重大成就充分说明，我国在新石器时代、青铜器时代、铁器时代等各个时代的古代文

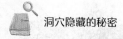

明发展成就上都走在世界前列，我国先民在培育农作物、驯化野生动物、寻医问药、观天文察地理、制造工具、创立文字、发现和发明科技、建设村落、营造都市、建构和治理国家、创造和发展文化艺术等各个领域都取得了令人赞叹的成就。这些重大成就展示了中华民族开拓创新、与时俱进、自强不息的进取精神，是蕴涵着丰富知识、智慧、艺术的无尽宝藏，是坚定文化自信的重要源泉"。广西自古以来便是多元文化共融的热土，其丰富的文化遗产是中华优秀传统文化的重要组成部分。为贯彻落实党的二十大精神和习近平文化思想，实施中华优秀传统文化传承发展工程，传承地方文脉，凝聚思想共识，增强文化自信，广西壮族自治区党委宣传部指导策划，广西出版传媒集团组织广西科学技术出版社编创团队编辑出版"考古广西"丛书。

"考古广西"丛书作为"文化广西""非遗广西""自然广西"等丛书的延续和拓展，被列入广西优秀传统文化出版工程。该丛书共10个分册，以翔实的考古资料和多位考古专家多年的研究成果为基础，全面梳理广西的考古遗存，以通俗易懂的语言和大量宝贵的图片，展示广西从旧石器时代至明清时期的最新考古成果和文化遗存，具体包括史前洞穴遗址、贝丘遗址，秦汉时期的城址，唐宋时期的窑址，世界文化遗产花山岩画，明代的靖江王府与王陵，明清时期的边海防设施，以及各时期的墓葬等。丛书集专业性、科普性、趣味性、可读性于一体，深度融合考古学、历史学、地理学、人类学、民族学、社会学等多学科的内容，高度凝聚考古专家多年的研究成果和心

总序

血，深入解读广西文化遗存蕴藏的厚重历史，生动展现广西考古、广西文物的时代价值，向世界传播广西声音，展现广西文化魅力，让更多人了解和认识广西，进而增强民族自豪感和文化自信。

提升公众保护文化遗产的意识和素养，传承民族的记忆与文化的精髓，不仅是每一位出版人的初心与使命，更是时代赋予我们的神圣职责。"考古广西"丛书不仅是对广西考古工作成果通俗化的全面展示，而且也是向世界递出的一张亮丽名片，让世人的目光聚焦广西，感受这片土地独有的文化韵味与魅力，以此增强广西的文化自信，提升广西在国内外的知名度和影响力，为广西的文化建设和社会发展注入强劲动力。"考古广西"丛书的出版还是深化全民阅读活动、提升公众文化素养的重要举措。它鼓励更多人走进历史，了解文化，感受古人的智慧与汗水，从而在心灵深处产生共鸣与回响，激发全社会对传统文化的兴趣与热爱。通过这一窗口，广西得以向世界讲述中国故事，展现中华文化的博大精深与独特魅力，促进不同文明之间的交流与互鉴。

"考古广西"丛书寻根探源，传承文化精髓。新征程上，我们以书为媒，共赴考古之约，让宝贵的文化遗产在新时代熠熠生辉，助力民族文脉薪火相传，为中华民族伟大复兴贡献文化力量。

丛书主编　林强

2024 年 9 月

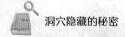

广西考古大纪史
历史篇章
观影探秘广西未知的

古老师
AI广西考古研究员
24小时在线解读，智谈古韵，洞见文明
智能推送，拓展背景知识与考古趣事

扫码探寻
广西古文明里的
洞天秘景

洞穴遗址大发现
云端一览洞穴遗址的
发掘奇迹

岩洞葬式大揭秘
揭开广西丧葬起源的
神秘面纱

目 录

洞穴隐藏的秘密

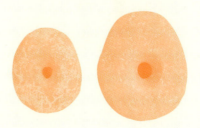

目录

龙州宝剑山 A 洞遗址：
贝丘与岩洞葬的奇妙交响曲

那坡感驮岩遗址：
岭南与岭北文明的神秘邂逅

129

后　记

扫码获取更多资源

洞穴隐藏的秘密

综述：远古人类的家园

在浩瀚的历史长河中，远古人类以其非凡的智慧与适应力，在地球上留下了深刻的足迹。洞穴作为他们最早的家园之一，不仅见证了人类文明的萌芽，也承载了无数关于生存、繁衍、灵魂归宿与文化交融的传奇故事。

中国南方喀斯特地貌是世界上最壮观的湿热带 – 亚热带喀斯特景观之一。喀斯特地貌又称岩溶地貌，是石灰岩等可溶性岩石在水的溶蚀作用下，历经千万年雕琢而成的奇景。广西地处云贵高原东南边缘，地势西北高、东南低，地貌类型多样，是中国南方喀斯特地貌最重要的分布区域。这里，地表峰丛耸立，地下溶洞密布，宛如仙境。走进广西，尤其是在桂中、桂西北、桂西南、桂北及桂东北，处处可见峰林、溶洞等独特的地貌景观。

广西，这片亚热带季风气候的沃土，温暖湿润，雨量丰沛，动植物资源丰富，为古人类的繁衍生息提供了得天独厚的条件。早在80万年前的百色盆地，就有了人类活动的痕迹，百色手斧更是那个时代的科技象征。在其后持续几十万年的旧石器时代，木榄山人、麒麟山人、柳江人等智人相继出现，广西大地见证了远古人类的起源与进化。新石器时代，各种类型的古人类聚居地遍布广西，人类的足迹延伸到了更广泛的地方。

广西喀斯特地貌

　　面对严酷的自然环境和野兽的威胁，寻找安全、稳定的居住地成为古人类生存的首要任务。洞穴，这个自然界的杰作，以其独特的地理位置和天然屏障，成为远古人类理想的庇护所。它们大多位于山岩之间，隐蔽而深邃，既能为居住者提供对抗猛兽侵袭的安全屏障，又能有效抵御风雨侵袭。广西大量的岩溶洞穴自然而然地成为了生活在这一区域的古代先民们活动的天堂。广西境内已发现数百处不同时代的洞穴遗址（不含岩洞葬），遍及广西各地市，时间从距今几十万年到距今三四千年不

等。这些神秘的洞穴遗址隐藏在山林之中，默默地庇佑着广西古人类的繁衍与发展，守护着人与自然和谐相处的历史秘密。

那么，远古人类为什么偏爱洞穴呢？首先，洞穴的天然结构优势是显而易见的。洞穴是自然形成的"厅堂"，在人类还不会建造房子的远古时代，没有比它更适合居住的地方了。古人类在选择洞穴居住时，往往会选择大小合适，三面封闭、一面为洞口的洞穴。这类洞穴可以有效避风挡雨、驱热御寒。其次，洞穴具有很强的宜居性。古人类在选择洞穴居住时，一般

综述：远古人类的家园

会选择洞口背风向阳的洞穴。广西的洞穴遗址大多洞口朝南或朝东，很少有朝北或朝西的，这种朝向不仅有利于躲避寒风，还可以保证洞内光线充足。同时，洞穴内的环境相对稳定，温度波动较小，冬暖夏凉，湿度适中，较为适宜居住。另外，洞穴附近往往有水源和可靠的食物来源，可以满足宜居的生活需求。再次，洞穴具有较强的安全性。广西的洞穴遗址多分布在石灰岩山体的山麓，往往只有一个洞口，洞口高度适中，一般距离地面 2 ~ 20 米，易守难攻，有助于自我防御，为古人类生活提供了相对安全的屏障。最后，洞穴的实用性较强。远古人

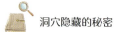

类往往选择面积合适的洞穴作为居所，洞内可以同时满足居住、储存食物、制作工具甚至艺术创作等需求。

广西洞穴遗址的发现，离不开广大文物考古工作者的辛勤付出。早在1935年，杨钟健、裴文中、德日进等老一辈学者就在广西开始了洞穴考古调查。从20世纪50年代开始，中国科学院、广西省博物馆（1958年更名为广西壮族自治区博物馆）、广东省文物管理委员会等单位，在广西各地进行了大量调查，发现了一大批洞穴遗址，包括著名的柳江人遗址、麒麟山人遗址、柳州白莲洞遗址等。在这些洞穴遗址里发现了大量的人类

龙州宝剑山A洞遗址洞口前的悬崖

综述：远古人类的家园

化石，使得广西成为研究人类起源的热土。裴文中先生在为柳州白莲洞洞穴科学博物馆题词时写道："中国可以成为世界上古人类学的中心，广西是中心的中心。"21 世纪以来，广西考古工作进入快车道，不断开展配合基本建设的考古调查和各种专题调查，发现洞穴遗址的数量越来越多。例如，2013—2015 年，为助力左江花山岩画文化景观申报世界文化遗产，广西文物保护与考古研究所组织团队在左江流域岩画周边区域进行了细致的考古调查，发现了 30 多个古代遗址，大部分为洞穴遗址，龙州宝剑山 A 洞遗址就是在这次专题调查中被发现的。2015 年以后，该团队一直在左江流域进行考古调查，在左江流域发现的 100 多个遗址中，大部分为洞穴遗址。这一时期，广西考古工作者还在百色、南宁、河池等地进行了专项的洞穴遗址调查，取得了显著的成果。

考古人员对洞穴遗址进行现场调查（引自谢光茂《远古回眸——广西史前考古探秘》）

洞穴隐藏的秘密

这些数以百计的洞穴遗址成为考古学家、人类学家、历史学者关注的焦点，为研究中国南方地区的人类起源、文化演进和生态环境变迁提供了宝贵的实物资料。

广西的洞穴遗址数量多，类型多样，按照其性质，可以大致将它们分为以下四大类。

第一类是人类的居住地。这一类遗址数量最多，不仅有地层堆积，还有遗迹和遗物分布，表明人类曾在洞穴里长期居住和生活，柳州白莲洞遗址和桂林甑皮岩遗址就是典型代表。

第二类是临时活动场所。这类遗址地层堆积不厚，遗物较少，洞口狭窄或不便进出，洞内阴暗潮湿或光线不足。这样的洞穴可能是古人类在外出狩猎、采集或进行其他生产活动时临时利用的。

龙州宝剑山 A 洞遗址的地层堆积

综述：远古人类的家园

新石器时代洞穴遗址出土的陶器（广西文物保护与考古研究所供图）

新石器时代洞穴遗址出土的蚌器（广西文物保护与考古研究所供图）

新石器时代洞穴遗址出土的骨器（广西文物保护与考古研究所供图）

　　第三类是没有原生地层的人类化石发现点。这类洞穴往往不适合人类居住，却发现了人类化石。如发现柳江人的通天岩遗址，洞口低矮狭窄，洞内黑暗潮湿，人类化石可能是被流水或动物带入洞内的。

　　第四类是岩洞葬。这类遗址出现较晚，到新石器时代末期才开始出现。其性质、内涵与我们一般意义上所说的洞穴遗址有较大区别。

　　从时间轴的角度来看，不同时期的洞穴遗址也有所区别。旧石器时代的洞穴遗址数量较少，年代一般在1万年以上，洞口距离地面高度相对较高。出土的遗物也比较单一，主要是人类化石，还有少量动物化石，有的也可见少量的石制工具。

　　新石器时代的洞穴遗址数量急剧增加，遗迹和遗物类型多样，石器、陶器、骨器、蚌器等应有尽有。桂林甑皮岩遗址、龙州宝剑山A洞遗址、那坡感驮岩遗址等就是这一时期洞穴遗址的典型代表。到了新石器时代晚期末段，作为居住用途的洞穴遗址已十分稀少，但作为葬所的岩洞葬开始出现，且在先秦时期十分盛行。

综述：远古人类的家园

新石器时代洞穴遗址发现的墓葬（广西文物保护与考古研究所供图）

随着时间的推移、人类文明的进步和宗教观念的形成，洞穴早已不再是单纯的居住场所，它已逐渐被赋予更为深远的象征意义。在许多文化中，洞穴是灵魂得以安息和重生的地方，被视为通往另一个世界的门户。因此，洞穴作为一种独特的自然形态，不仅承载着人类生存的智慧和适应环境的策略，还深刻反映了人类对于生死的深刻思考。洞穴，这一古老而神秘的空间，既是人类早期社会的重要住所，也是后来祭祀与墓葬的圣地，其双重身份在时间与文化的交织中展现出无尽的魅力与深意。

洞穴隐藏的秘密

岩洞葬出土的精美器物（广西文物保护与考古研究所供图）

　　在广西，洞穴遗址也是如此。旧石器时代晚期，广西地区已经出现了岩洞葬。如隆安娅怀洞遗址发现了一座墓葬，该墓葬人骨的年代被确定为距今 1.6 万年左右，是岭南地区迄今为止发现的唯一具有确切地层层位和可靠测年的完整人类头骨及体骨化石。

　　新石器时代，洞穴里的墓葬数量越来越多，葬式以屈肢葬为主。这一时期洞穴内的墓葬与人类居住的场所处于同一洞穴内，没有专门的功能分区。

　　新石器时代末期，随着人类活动从洞穴走向平原，洞穴的

综述：远古人类的家园

居住功能越来越弱，与此同时，广西开始出现将洞穴作为专门葬所的情况，也就是人们所说的岩洞葬。先秦时期，在北起灵川、南达龙州、东到贺州、西至南丹等地区，岩洞葬均广泛分布。同时，岩洞葬中的随葬品数量多且种类丰富，包括陶器、石器、铜器、骨器、蚌器以及玉器等，有的制作十分精美。

从目前的考古发掘我们可以看到，洞穴是人类早期社会的重要住所，之后被用作葬所，成为人类死后的归宿。在幽深而神秘的洞穴中，逝者的遗体被安置，与随葬品一起沉睡，期待着某种形式的永生或来世的转生。这种观念不仅体现了人类对死亡的敬畏与探索，也寄托了对生命延续和家族传承的美好愿望。

在广西这片古老的土地上，洞穴遗址如同历史的见证者，静静地诉说着远古人类的故事，为我们打开了解远古人类生活的大门。

崇左木榄山洞穴遗址：
东亚最早的现代人

　　木榄山洞穴出土的一件小小的下颌骨化石，让专家们欢呼雀跃，经考究，它是被称为"木榄山智人"的化石。木榄山智人距今约 11.1 万年，是现代人演化历史的一个重要的见证者。

　　该化石是从直立人向现代人进化历程中难得的"缺环"。它的发现，表明了从直立人向晚期智人的进化不仅出现于非洲，还出现于东亚地区，使得早期智人在东亚地区出现的时间提早了至少 6 万年。同时，它对现代人类起源"走出非洲说"理论形成了一种挑战，为探索现代人类的起源提供了新的证据，是载入史册的重要发现。

木榄山智人的惊世现身

◆ ▶◀ ◆

　　1956 年 2 月，冬日的南国依然气候温润，发现北京猿人头盖骨化石的著名考古学家裴文中、贾兰坡教授，率领中国科学院古脊椎动物研究室（今中国科学院古脊椎动物与古人类研究所）华南调查队在崇左的岩洞中进行科学考古。他们此行的缘由，正是 1955 年底中国科学院启动的为期 10 年的巨猿考察计划。在这个计划的实施过程中，他们在广西陆续发现了一些古人类化石，包括来宾麒麟山人化石和柳州柳江人化石。此后，广西境内又陆续发现了柳州白莲洞遗址及桂林宝积岩遗址、甑皮岩遗址等史前遗址。这些发现，使得广西在我国古人类研究领域占据了重要地位。而左江作为西江上源的一条重要支流，其流域人类活动历史悠久、文化底蕴深厚，却一直没有发现古人类化石。直到进入 21 世纪，伴随着崇左一位村民的意外发现，中国科学院古脊椎动物与古人类研究所的专家再次把目光投向这片土地。

　　2003 年的一天，崇左市江州区罗白村村民韦发贤前往村里的泊岳山捡钟乳石，准备将钟乳石拿回家做盆景。无意中，他在洞里发现了一块奇怪的石头，并把它交给了潘文石教授。潘文石教授是我国著名生物学家，被誉为"中国大熊猫之父"，当时正在罗白村的北京大学崇左生物多样性研究基地工作，并带领团队前往崇左进驻弄官白头叶猴生态公园，研究我国珍稀动物白头叶猴。后经过中国科学院古脊椎所鉴定，韦发贤捡到的是一块野猪牙齿化石，发现化石的地点罗白村就在弄官白头叶猴生态公园附近。村民无意中发现的这颗化石虽然普通，却打开了公园多个洞穴中的"宝藏"。

野猪牙齿化石这一意外发现让潘文石非常兴奋，他预感这里应该会有更大的发现。因为早在50多年前，木榄屯附近的大新县就曾经发现巨猿化石和与之共生的大熊猫、剑齿象等哺乳动物化石。潘文石猜想，此处离大新县并不远，是否也有可能存在许多化石？

潘文石把这个发现告知古生物学家、中国科学院古脊椎动物与古人类研究所研究员金昌柱。金昌柱闻讯也非常激动。于是在2004年4月，潘文石与金昌柱一起开始了"寻宝"之路。两个团队联合对弄官白头叶猴生态公园进行地质古生物调查，当年就在公园内泊岳山一处溶洞发现了大量的哺乳动物化石。据金昌柱介绍，当时发现了数量众多的巨猿化石，还有猩猩、猕猴、江南中华乳齿象、武陵山大熊猫等种类非常丰富的哺乳动物化石。从地层学来判断，溶洞形成的时代是更新世早期。此前广西左江流域发现的化石点并不多，2004年这次调查首次在广西左江流域发现更新世早期的巨猿动物群。其中，在泊岳山洞穴里发现的多颗巨猿化石，让科学家们异常兴奋。随

北京大学潘文石教授在野外工作（引自潘文石《白头叶猴》）

后，这个洞穴被命名为"泊岳山巨猿洞"。

含巨猿化石的哺乳动物群时代，一般被认为属于更新世（距今258万—1.17万年），是地质时代第四纪的早期。这意味着，科研人员已经在崇左这片土地瞭望到了200万年前动物生活的场景。但这还远远不够，所有人都想知道，除了巨猿，崇左这片土地是否曾有古人类繁衍？带着这个疑问，科研人员继续寻找。

终于，功夫不负有心人。2006年，科研人员发现了木榄山洞穴化石点。金昌柱带领团队进入洞里开展挖掘作业。当时工作条件非常艰苦，研究团队往洞里拉了一条电线才能用电灯照

洞穴隐藏的秘密

明，发掘的设施也非常简单，完全靠铁锹挖掘，用箩筐抬土。为了便于工作，金昌柱干脆在洞里的空地上支起一个帐篷，放上一床垫子和一台电脑，全天候在洞里工作。经仔细发掘，他们发现木榄山洞穴化石点还有很多哺乳动物化石，其中高等灵长类化石，如猩猩一类的化石特别多。因此，金昌柱教授当时认为木榄山洞穴遗址是一个非常有潜力的化石点。

2007年春季和秋季，金昌柱教授带领团队继续在距离泊岳山西北约2千米处的木榄山西南坡山洞里发掘。同年11月中旬，在一堆牙齿化石里，科研团队有了更大的收获。这堆牙齿化石里大部分是猩猩的牙齿，更为惊奇的是，其中有两颗是人类的牙齿化石。金昌柱教授说，在南方考察了这么久，这是他在南方首次发现的人类化石。他当时非常激动，认为这就是一

木榄山智人洞远景（引自谢光茂、黄少崇《史前人类足迹》）

崇左木榄山洞穴遗址：
东亚最早的现代人

处古人类遗址，直觉告诉他，继续发掘下去，肯定能挖出好东西，说不定能发现更完整的古人类化石。因此，他们的研究团队加快了发掘速度，延长了发掘时间。

2008年春天，发掘工作推进到发掘含有人类化石的堆积层位。2008年5月18日，在距离山洞洞口约20米的一个拐角处，正当大家仔细认真发掘的时候，研究团队请来协助发掘的工人黄明宝突然大喊："金教授，这有好东西！"闻言，金昌柱教授马上跑过去看。这一看，令他激动不已，不禁脱口大喊："大家快来看，黄明宝挖出来的是人的下颌骨啊！"这时，其他人都激动起来，纷纷围到金教授旁边，端详起这个挖出来的下颌骨。高兴之余，金教授指导黄明宝小心翼翼地把化石取出来。这块下颌骨化石虽然有点残破，但是有幸保留有粗壮的下颌联合部，是研究古人类形态特征十分难得的珍贵标本。因为这一发现，这个普通的山洞从此被称为"木榄山智人洞"。

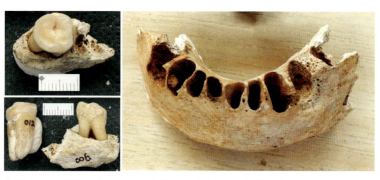

木榄山人牙齿化石（左）与下颌骨化石（右）（引自谢光茂、黄少崇《史前人类足迹》）

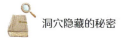

洞穴隐藏的秘密

挑战"走出非洲说"理论

◆▶◀◆

2008 年 5 月 18 日发现的木榄山智人下颌骨，受到了专家们的高度关注。中国科学院院士、古人类学家吴新智经过对木榄山智人与其他古人类、现代人的仔细比对观察和研究，发现早期智人的下颌骨部位往后倾斜，而现代人类的下颌骨部位往前倾斜；广西崇左木榄山智人洞发现的下颌骨较为纤细，颏隆突、略发育，表现程度较现代人类颏隆突弱，其门齿齿槽与颏隆突之间的下颌体外表面略显凹陷，但凹陷程度较现代人类弱。明显发育的颏隆突和下颌体外表面凹陷是现代人类的典型特征，而直立人和早期智人一般没有这两项特征。这两项特征在木榄山智人洞发现的古人类下颌骨表现较弱，说明现代人的解剖结构在木榄山智人的下颌骨已出现，但尚处于初始发育状态，表明木榄山智人介于直立人和晚期智人二者演化之间。这说明，在中国，人类进化是连续的。

简单地说就是，北京猿人没有下巴颏，它很直接地垂直下来；而现代人类的下巴颏是翘起来的。崇左木榄山智人洞发现的下颌骨化石，仔细观察其下巴颏的地方有微微的突出，说

崇左木榄山洞穴遗址：
东亚最早的现代人

明崇左木榄山智人开始出现下巴颏了，这是向晚期智人进化的特征。

　　正是由于这个细微的特征，木榄山洞穴发现的这块下颌骨化石被专家们鉴定为是中国早期智人出现的一个证据。这个发现，让现代人类"走出非洲说"的理论再次受到质疑。在现代人类起源上，存在"走出非洲说"和"多地区进化说"两种相对立的学说。所谓"走出非洲说"，是指一些西方学者根据化石特征、年代测定及遗传学研究等，提出世界各地的现代人类都是非洲早期智人的后裔的学说。他们认为，东亚现代人类的直接祖先，是大约在6万年前从非洲第二次迁徙而来，他们走出非洲后，直接取代了其他地区的古人类。根据这一学说，中国的北京猿人（属于直立人）等，约在20万年前消失，现代中国人及中国的晚期智人，如山顶洞人和广西柳江人等，都是来自非洲的智人后裔。而在中国，以学者吴新智为代表的古人类学家则认为，现代人类是由北京猿人等生活在这片土地上的早期人类演化而来，但同时也混入少量的外来基因，这就是"多地区进化说"。

　　这两种相互对立的学说一直处在争论中，寻找已经具有现代人类基本解剖特征的早期现代人化石，是论证解决这一问题的关键。国际古人类学界普遍认为，2002年发现于北京周口店田园洞距今4万年的人类化石，是东亚地区最古老的早期智人，而对在东亚地区是否存在距今15万—10万年的早期智人一直存在争论。

　　那么，崇左木榄山具有早期形态的智人，又是生活在什么

洞穴隐藏的秘密

年代呢？ 2009 年，美国明尼苏达大学地质与地球物理系同位素实验室对木榄山智人洞遗址出土人类化石的地层进行铀钍的化学分离和质谱测定。结果显示，木榄山智人的下颌骨距今约 11.1 万年，比此前已知生活于东亚的最早智人——北京田园洞人早了 6 万多年。中国科学院古脊椎动物与古人类研究所研究员张颖奇指出，"走出非洲说"理论认为，所有的现代人都是在距今 6 万—5 万年的时候，才从非洲走出来走到世界各地的。但是，木榄山智人洞早期智人，表明在距今 11 万—10 万年这个时间点，他们已经生活在中国的土地上了。那么木榄山智人化石的这个年代，无疑对距今 6 万—5 万年的"走出非洲说"

木榄山智人下颌骨发现者古生物学家金昌柱教授（左）、著名古人类学家吴新智院士（中）和人类学家刘武教授（右）在"2010 年度中国科学十大进展"颁奖会上合影（引自谢光茂、黄少崇《史前人类足迹》）

崇左木榄山洞穴遗址：
东亚最早的现代人

理论形成了一种挑战。

2009年，吴新智院士给当时的广西壮族自治区领导写了一封信。信中说，木榄山智人下颌骨是一个振奋人心的发现，它是现代人演化历史上一个重要环节的见证者，在人类演化研究历史上占有举足轻重的地位；它为探索现代人的起源提供了新的证据，是载入史册的重要发现。

木榄山智人洞发现的古人类化石是从直立人向现代人进化历程中难得的"缺环"。它表明了从直立人向晚期智人（现代智人）的进化不仅出现于非洲，还出现于东亚地区。下颌骨的年代与形态特征表明，木榄山智人是东亚最古老的智人，这将智人在东亚地区出现的时间提早了至少6万年。木榄山智人洞人类化石的发现与研究，挑战了"走出非洲说"理论，使得学界对智人在东亚的出现与演化有了新的认识。

2011年5月，崇左木榄山智人洞化石相关研究入选"2010年度中国科学十大进展"

柳江人遗址：
揭开现代人类祖先的
神秘面纱

　　我们究竟从哪里来？我们的祖先是谁？这是人们一直以来探索的问题。

　　举世闻名的柳江人化石意外被发现，就像迷雾般的现代人起源问题残存的一抹印记，给人们带来了许多问题和思考。它的出现让人们将探寻现代人起源的视线，投向了广西柳州。

　　他是谁？他来自什么时代？他的后裔又去了哪里？

柳江人化石的惊艳亮相

◆▶▶◆

19 世纪中期，达尔文《物种起源》一书的出版引发了人们对人类起源和进化历史的探究，并在 20 世纪的 100 年中达到顶峰。1958 年，在广西柳江县（今柳州市柳江区）新兴农场通天岩洞旁的一个洞口低矮狭小的洞穴中，发现了最早的人类——柳江人的化石。1958 年 9 月下旬，新兴农场的职工们在通天洞挖岩泥作肥料时，在距洞口 18 米处偶然挖到了一个奇怪的东西。于是，工人们直接凑前用火把照明，仔细观察，发现这个奇怪的物体有着圆圆的"壳"，下方还有三个凹陷的"深坑"，其中一个"深坑"里还有几颗白色的牙齿。"啊，这是人的头盖骨！"胆小的工人吓得连连后退了几步，胆大的工人直接捧起头骨，还用手指敲了敲，只见它发出"笃笃笃"的声音。"怕什么，都变成石头了，应该是化石，而且特别沉重！"胆大的工人说道。于是，他们立刻报告农场场长李殿。此前，由于李殿看过裴文中教授的考古报告，了解一些古人类学的知识，因此在看到这个人类头骨化石后非常重视，认为这很可能是远古时期的人类化石，于是命人将其妥善保护，同时马上打电话将发现化石的消息告诉中国科学院古脊椎动物与古人类研究所。研究所当即委派当时正在广西柳城进行巨猿洞发掘工作的林一璞和李有恒等人前往现场调查。林一璞是广西人，是吴汝康院士的得意门生，对广西的情况比较了解，他很快就找到李殿。当李殿将这个被包得里三层外三层的化石展现在林一璞等人面前时，他们激动得双手不停地颤抖。经过研究人员的清理发掘，在人类头骨化石附近又挖出部分椎骨、股骨等人骨化石，以及完整的大熊猫骨架等化石。他们还到出土头骨的岩洞考察，发

柳江人遗址洞口（柳州白莲洞洞穴科学博物馆供图）

柳江人遗址：
揭开现代人类祖先的神秘面纱

柳江人化石的发现者李殿在通天岩门口（柳州白莲洞洞穴科学博物馆供图）

现出土头骨的岩洞是一个巨大的喀斯特溶洞，海拔约 230 米，洞口距离山脚约 5 米，周围地形为半丘陵半山地地貌。人类化石出土地点靠近洞口，埋藏化石的原始堆积几乎被工人们挖掘殆尽，仅剩下一小部分堆积。这些堆积主要由石灰岩角砾组成，中间夹杂砂粒和黏土，呈灰褐色，松散无胶结，且含有较多水分。

　　1958 年 10 月初，这件神秘的头盖骨被送到了中国科学院著名古人类学家吴汝康院士的办公室，吴汝康确认这是一具比较完整的头骨（缺下颌骨）。这块头骨前额膨大隆起，嘴部后缩，头骨枕部没有粗壮的肌脊，这些特征已经与现代人很接近了。于是，吴汝康院士将这块人头骨化石代表的人群命名为"柳江人"。

洞穴隐藏的秘密

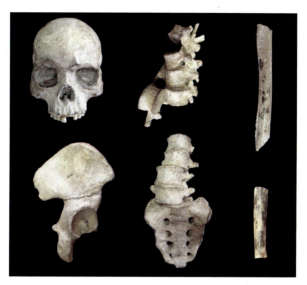

柳江通天岩发现的柳江人化石（引自谢光茂、黄少崇《史前人类足迹》）

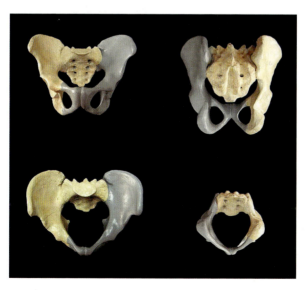

修复后的柳江人盆骨多面观（引自谢光茂、黄少崇《史前人类足迹》）

柳江人遗址：
揭开现代人类祖先的神秘面纱

揭开柳江人的谜团

◆ ▶◀ ◆

◈ **柳江人生活年代之争**

自柳江人化石被发现以来,其确切的年代一直是一个悬而未决的问题。自 1958 年以来,不同学者使用包括碳 –14 测年和铀系法测年等方法对地层堆积物进行了年代测试,得出的结果差异巨大:有的认为柳江人的生活年代可追溯至距今 6.7 万年,还可能早至距今 13.9 万—11.1 万年,甚至更久远至距今 15 万年。这种不确定性使得柳江人在人类演化史上的地位变得模糊不清。

那么,柳江人生活年代之争的主要原因究竟是什么呢?其实,原因并不是现在的科技手段落后,而是当年专业人员到达通天岩的时候,头骨化石已经被工人们从原生地层中取出,失去了其出土层位的准确信息,导致准确年代的测定变得异常困难。由于一直未能明确柳江人化石的出土层位,加之测年样品与化石层位关系不清,学术界对其年代一直存在争议。柳江人的实际生活年代成了困扰学界 66 年的谜团。

为了解开柳江人生活年代的谜团,2020 年,由中国科学院古脊椎动物与古人类研究所、南京师范大学、中国科学院地质与地球物理研究所组成的研究团队，与柳州白莲洞洞穴科学博物馆及澳大利亚人类演化研究中心合作，开展了一系列放射性年代测定和地层沉积学研究等综合工作。经过四年的努力，研究团队终于取得了突破性进展，研究确定了柳江人的生活年代为距今 3.3 万—2.3 万年，并于 2024 年在《自然》杂志子刊《自然通讯》上发表了柳江人地层与年代学的最新综合研究成果。

中国科学院古脊椎动物与古人类研究所团队采集了从柳江人左侧股骨掉落的骨头碎屑，使用铀系法测定其年代为距今 2.3 万—2.2 万年。之后，团队又对颅骨上中门齿掉落的牙齿碎屑进行铀系法测年，得到了更晚的结果，距今约 1.9 万年。那么，柳江人到底出土自通天岩洞穴地层沉积序列中的哪一层呢？团队成员经过仔细观察头骨，在柳江人左侧股骨的髓腔中发现了红棕色的黏土质沉积物，在颅骨的鼻腔中也发现了同样颜色和质地的沉积物，于是将这些人骨上粘连的沉积物和洞穴地层沉积物逐层开展了详细的粒度、颜色、常量和微量元素分析和对比，最终发现，柳江人最可能出土自通天岩洞内第三沉积单元的第二层。此外，研究员发现这是一层红棕色的黏土，颗粒较细，反映的是一种搬运动力非常弱的埋藏环境，同时柳江人的骨架相比于绝大多数古人类化石都完整，保存完整程度高，胸椎和腰椎、腰椎和骶椎化石在被发现时仍然关联在一起，这说明柳江人死亡后几乎是被原地埋葬，没有被明显搬运过的迹象。

在确定了出土地层为第二层之后，研究人员对通天岩洞内

柳江人遗址：
揭开现代人类祖先的神秘面纱

沉积物逐层进行了系统性的年代测定，确定了第三沉积单元第二层的沉积年代为距今 3.25 万—2.26 万年。最终，研究人员根据柳江人化石本身的铀系法测年代和推测的产出层位的沉积年代，判断柳江人化石的年代在距今 3.3 万—2.3 万年。这一研究结论不仅解决了长达 66 年的年代学谜团，更将柳江人化石真正归入全球晚期智人演化序列。

在距今 3.3 万—2.3 万年这一新的年代背景下，柳江人的演化意义需要重新审视。目前的证据表明，在距今 4 万—3 万年，晚期智人在欧亚大陆经历了广泛的迁徙扩散，而柳江人，连同距今 4.1 万—3.8 万年的北京田园洞人和距今 3.9 万—3.6 万年的山顶洞人都是这一事件的重要参与者，而非更早的距今 10 万年迁徙人群的成员。过去的形态研究显示，柳江人与欧洲同时代的晚期智人，特别是距今 3.3 万—3.1 万年的法国克罗马农人相似度较高，这可能反映了距今 3 万年晚期智人在欧亚大陆快速的迁徙扩散，同时显示了当时人群之间并未发生像现今这样显著的特征分化。随着科技的不断进步和考古工作的深入开展，相信我们将会揭开更多关于柳江人的谜团。

◆ 柳江人化石原属个体的性别之谜

柳江人作为古人类化石的重要代表之一，不仅为中国乃至东亚地区的人类起源研究提供了重要线索，还对现代人种的分化和迁徙扩散模式提出了新的见解。那么，柳江人化石原属个体的性别是男还是女呢？

柳江人化石由头骨化石和体骨化石组成。其中，头骨化石

（缺下颌骨）较为完整，仅两侧颧弓部分断裂。体骨化石有完整的四个胸椎（并粘连有长短不一的五段肋骨）和全部五个腰椎及骶骨。体骨化石呈灰白色，石化程度中等。肢骨保存较完整的有右侧的髋骨，但耻骨部分缺损，化石呈灰白色，另外有左右各一段股骨干，化石颜色较深，呈灰色，并杂有大小和形状不一的褐色斑块。

经过中国科学院古脊椎动物与古人类研究室吴汝康院士研究，柳江人头骨中等大小，眉脊较为粗壮，眉间部肥厚；颈部稍稍倾斜，额结节突出不明显；乳突部粗壮，但乳突细小；骨较为细致，骶骨宽度中等，上部曲度平缓，下部则弯曲度增大，月状关节面下延达第三骶椎水平；椎骨较集中，髋臼明显向前，髂骨部分较为张开，髂宽较浅。这些都符合男性头骨、骶骨和椎骨的特征。同时，髋骨与骶骨的月状关节面互相吻合。头骨、骶骨及髋骨同时发现，其色泽和石化程度也都一致，可以认为是同一个个体。头骨上的主要骨缝都已有中等程度的愈合，牙齿已有相当程度的磨损，推测年龄在 40 岁左右。据此推断，柳江人全部人骨化石应同属一个中年男性个体。

◆ 柳江人化石原属个体的身高与体重探究

通过头骨的测量和复原，已经大体能够看到柳江人化石的容貌。但是，柳江人的身高一直是让人感兴趣的话题。由于柳江人化石的骨骼不完整，因此不可能用简单的测量方法来测量他的身高。那么，柳江人化石原属个体的身高究竟是多少呢？

关于柳江人化石原属个体的身高，古人类学家们进行了

柳江人遗址：
揭开现代人类祖先的神秘面纱

广泛的研究和探讨。根据华南人由肢骨测量身高的公式，以及柳江人化石中股骨的长度，古人类学家推算出原属个体身高在1.60米左右。这一身高数据与现代当地居民的平均身高相比，略显偏矮。然而，这一结果并非定论，因为化石的保存状况、测量方法的准确性等因素都可能对身高数据的推算产生影响。

为什么柳江人化石原属个体的身高与现代人相比略显偏矮

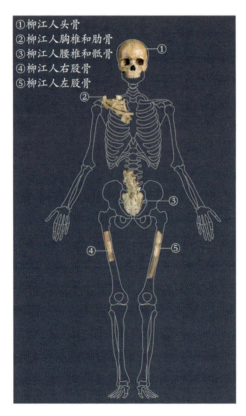

①柳江人头骨
②柳江人胸椎和肋骨
③柳江人腰椎和骶骨
④柳江人右股骨
⑤柳江人左股骨

柳江人化石复原图（柳州白莲洞洞穴科学博物馆供图）

呢？古人类学家们认为，这可能与当时的生活环境、营养状况等因素有关。在旧石器时代晚期，人类的生产力水平相对较低，食物来源相对有限，可能导致人们的营养状况普遍较差，从而影响了身体的发育。此外，古人类可能还需要面对更加恶劣的自然环境和生存压力，这些因素也可能对身体的发育产生一定的影响。

在柳江人化石原属个体的研究中，体重是一个重要的内容。通过测量和计算，研究人员推断柳江人的体重在 50.9 ～ 52.0 千克之间。这一体重数据与其他人类化石相比，显示出柳江人具有适应温暖气候环境的纤细型身体特征。与生活在高纬度地区的金牛山人、山顶洞人和尼安德特人等相比，柳江人的体重较轻，这可能与他们的生活环境有关。

柳江人化石原属个体的体重数据不仅揭示了其身体特征，还为我们提供了关于他们生活习性的线索。作为旧石器时代晚期的人类，柳江人可能以狩猎、采集和渔猎为主要生活方式。他们的纤细型身体可能有助于在茂密的森林和河流中灵活穿梭，以寻找食物和躲避天敌。

柳江人化石原属个体的身高与体重的数据为我们提供了研究古人类体质特征和生活方式的重要线索，反映了古人类与现代人在体质特征上的差异。随着古人类学研究的不断深入，我们有望更加全面深入地了解古人类的生活方式和文化特征。

柳江人遗址：
揭开现代人类祖先的神秘面纱

柳江人与其他人种的渊源

◆▶◀◆

    吴汝康院士研究团队经过仔细观察后发现，柳江人化石头骨属中头型：颧骨较大而前突；鼻骨低而宽，鼻梁稍凹，鼻根点并不低陷；鼻梨状孔下缘不成锐缘而低凹；鼻前窝浅、棘小，犬齿窝不明显；齿槽突颌程度中等；上门齿呈铲形；眉弓与印第安人差不多；年龄已超过 40 岁，但是第三上臼齿仍未长出；等等。这些特征都说明柳江人属于蒙古人种（即黄种人）。而且，柳江人化石的股骨骨壁较现代人为厚，髓腔较现代人为小，接近于尼安德特人，表明柳江人具有一定的原始性质。而柳江人也有许多接近现代人的特征，如脑容量接近 1400 毫升、前额膨大隆起、嘴部后缩、头骨枕部没有粗壮的肌脊等，说明其体质形态已和现代人基本相似了。因此，吴汝康院士研究团队认为，柳江人是旧石器时代晚期人类，即晚期智人，是正在形成中的蒙古人种中的一种早期类型，形态具有一定的原始性，是南方蒙古人种的共同祖先。

    自 1958 年被发现以来，柳江人化石不仅揭示了人类早期在东亚地区的生活痕迹，更为我们在人类迁徙历史与遗传联系

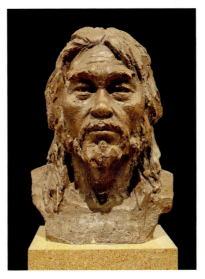

专家们根据柳江人头骨化石测量的数据，复原出柳江人的头像
（柳州白莲洞洞穴科学博物馆供图）

方面的研究提供了宝贵的线索。此外，柳江人与日本港川人、澳大利亚土著之间的关系尤为引人瞩目。

首先是柳江人与日本港川人的关系。日本港川人化石，是日本冲绳县出土的史前人类遗骸，其年代可以追溯到距今 1.6 万—1.4 万年。柳江人与日本港川人的发现为我们提供了一个独特的视角，来观察东亚地区古人类迁徙与交流的历史。根据古人类学家的研究，柳江人很可能是日本港川人的祖先之一。这一观点并非空穴来风，而是基于对人类化石的深入分析研究所得出的结论。我国著名古人类学家、中国科学院古脊椎动物与古人类研究所吴新智院士对柳江人化石与周边地区发现的晚期智人化石做了比较研究。他在英国牛津大学出版社出版的《中

柳江人遗址：
揭开现代人类祖先的神秘面纱

国人类演化》一书中提出，以歧异系数对比了柳江人头骨化石与一系列头骨化石之间的亲疏程度，结果显示，柳江古人类与日本港川古人类和加里曼丹尼阿洞（属于马来西亚）古人类之间的差异最小，相当于同一个群体之内的差异，表明他们之间存在密切的关系。日本的专家也认为，日本人的祖先可能是柳江人的一个支系。1984年，《科学之春》杂志第一期刊载了日本东京大学人类学教授植原和郎的一篇题为《日本人起源于中国柳江?》的文章，文中写道："到目前为止，在日本所发现的人骨化石形态都是矮个子，类似中国柳江人，特别是港川人，简直跟柳江人像极了。许多日本人类学家认为日本人的起源要到中国南方去找。"这些研究表明，柳江人与日本港川人在遗传上存在着密切的联系，这种联系可能源自数万年前的一次或多次迁徙事件。

吴新智院士在观察柳江人化石标本（引自谢光茂《远古回眸——广西史前考古探秘》）

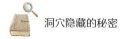

那么，柳江人是如何迁徙到日本的呢？一种可能的解释是，在冰河时代末期，随着气候的变化和海平面的下降，柳江人沿着亚洲东部的海岸线向北迁徙，他们可能穿过了现在的朝鲜半岛和日本列岛，最终到达了日本冲绳地区。在这里，他们与当地的环境相适应，逐渐演变成了具有独特文化和生活方式的日本港川人。

其次是柳江人与澳大利亚土著的关系。澳大利亚土著是澳大利亚最早的居民，他们具有独特的文化和传统。一些学者通过对比柳江人与澳大利亚土著的遗骸和遗传信息，发现两者之间存在着惊人的相似性。这些相似性不仅体现在头骨形态、面部特征等方面，还体现在遗传基因上。这一发现为我们揭示了人类迁徙历史的另一重要线索。根据古人类学家的研究，柳江人与澳大利亚土著在遗传基因上存在着高度的相似性。20世纪80年代在澳大利亚新南威尔士的蒙戈湖发现男女两具人骨化石，头骨呈纤细型，还有鼻宽、齿槽突出等特征，其年代可以追溯到距今2.5万—3万年。此外，在澳大利亚东南部曾发现一具凯洛尔人头骨化石，如果把这具化石同柳江人头骨化石摆在一起，二者就像表兄弟一样，十分相似。令人不可思议的是，人类学专家们发现，这些蒙古人种的特征不仅表现在凯洛尔人和蒙戈湖人的身上，而且在澳大利亚以北发现的印度尼西亚瓦贾克人和印度尼西亚加里曼丹的尼亚洞穴人以及菲律宾的巴拉湾人的身上都有所反映。"澳大利亚人种"头骨在低的颅穹顶、眉脊和鼻腭的形态上表现出柳江人的特征。

那么，柳江人是如何迁徙到澳大利亚的呢？据专家推测，

柳江人遗址：
揭开现代人类祖先的神秘面纱

柳江人的后裔去澳大利亚的路线可能是从广西出发的，先到达印度尼西亚的加里曼丹，再通过苏拉威西一直向东，登上巴布亚新几内亚，到达澳大利亚北部海岸，然后沿东海岸往南，最终到塔斯马尼亚。在这里，他们与当地的古人类相融合，演化成了具有独特文化和生活方式的澳大利亚土著人群。有意思的是，柳江人如何渡过宽阔的海面，目前还是一个谜。

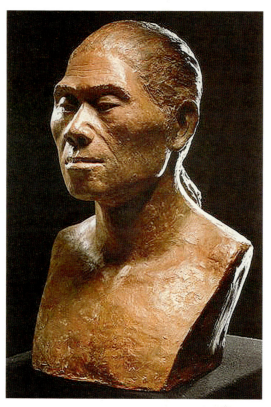

日本冲绳发现的港川人（男性）复原像（引自谢光茂、黄少崇《史前人类足迹》）

柳州白莲洞遗址：新旧石器时代过渡的见证

　　人类如何起源、进化，如何发展出灿烂的文明？考古学家们在回答这些问题的同时，也涌现出众多的疑问。在广袤的中国大地上，远古遗迹星罗棋布，闪现着文明的曙光。

　　在华北，北京山顶洞遗址展现了中国北方早期现代人的文化面貌。而在华南，柳州白莲洞遗址则揭开了南方旧石器时代向新石器时代过渡时期文化的神秘面纱。

从无名洞穴到古老地书

◦▶◀◦

"岭树重遮千里目，江流曲似九回肠。"这是唐代文学家柳宗元任柳州刺史时描绘风貌独特的柳州山水的千古名句。柳州地处广西中部，古为"骆越要害""地属要冲"。

柳州自古为人类宜居之地。早在 100 多万年前的更新世早期，就有与人类密切相关的巨猿在这里繁衍生息。20 世纪，柳州地区的柳江人化石、都乐人化石、甘前岩人化石、九头山人化石以及白莲洞遗址、鲤鱼嘴遗址、响水遗址、兰家村遗址和鹿谷岭遗址等众多古人类化石地点与遗址相继被发现。柳州丰富的史前遗存，充分展示了柳州史前文化的发展、传承与演变过程。

1956 年初，中国科学院古脊椎动物与古人类研究所和广西文物工作者组成考察队，在裴文中、贾兰坡的率领下，来到广西调查巨猿和古人类化石。考察队在南宁兵分南北两路，寻找巨猿化石。北上这一组，由裴文中带领，来到了柳州地区。裴文中是举世闻名的"北京人"头盖骨的发现者，他和贾兰坡先后主持了北京周口店遗址的发掘。根据之前村民提供的岩洞的

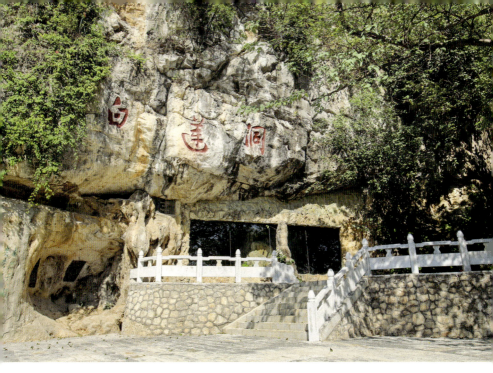
白莲洞遗址外景（柳州白莲洞洞穴科学博物馆供图）

线索，他们翻山越岭、爬山寻洞，终于在柳州东南12千米处路边的一座山上发现了一个洞穴。从洞口岩壁上残留的游人题词可知，早在清雍正十三年（1735年）就有人在此活动。考察队一行进入岩洞中，在洞内扰乱层中发现了4件石器、1件扁尖的骨锥和1件粗制的骨针。考察队仔细观察这些遗物，认为这里很可能是一处古人类文化遗址，曾孕育过远古人类的文明。因洞口矗立着一个酷似莲花的钟乳石，裴文中教授将这个无名洞命名为"白莲洞"。白莲洞此后成为我国古人类学界研究者十分关注的史前遗址，而这一发现也揭开了中国南方旧新石器过渡时期文化的神秘面纱。

柳州白莲洞遗址：
新旧石器时代过渡的见证

揭开白莲洞的秘密

◆▸◀◆

白莲洞遗址的发现受到古人类学家的高度关注。1960年，贾兰坡教授和邱中郎先生对1956年考察队在洞穴中发现的这批文化遗物进行了仔细观察和鉴定，认为该洞的堆积属于旧石器时代晚期。1965年，裴文中教授在《柳城巨猿洞的发掘和广西其他洞的探查》一书中称，白莲洞已发现有磨光石斧，又认为白莲洞遗址堆积年代晚到新石器时代，即白莲洞遗址所反映的并非旧石器时代晚期文化，而应是新石器时代文化。1974年和1977年，我国古脊椎动物学奠基人杨钟健教授两次致函柳州市博物馆，指出"柳州为我国一主要化石产地"，殷切希望白莲洞有更多新的发现。

为了弄清楚白莲洞遗址的文化堆积，1973—1980年，柳州市博物馆的专业人员对白莲洞遗址进行细致的试掘，收获颇丰。

1973年，柳州市博物馆的专业人员对白莲洞遗址东北部螺壳堆积进行小规模清理，发现1件用灰黑色石英岩砾石打制的石器，此外还发现木炭颗粒、烧骨与烧石等用火遗迹和猕猴、果子狸、竹鼠、鹿、羊等5种动物残破的牙齿化石，以及鱼的

柳州白莲洞洞穴科学博物馆外观（柳州白莲洞洞穴科学博物馆供图）

喉齿化石。因这次清理发掘过程中仍没有发现磨制石器和陶片，故发掘者撰文称："再一次证明白莲洞文化遗址的下限不可能晚于旧石器时代晚期。"

1979 年 6 月 22 日至 7 月底，柳州市博物馆的专业人员继续对白莲洞遗址东部扰乱层进行清理，并试掘了一条东西向长 4 米、宽 2 米的探沟。此次试掘共找到有人工痕迹的石制品 87 件，另有残石料 11 件，并首次发现有少量黑色燧石制品。这些石器所用原料大多为砾石。此外还找到不少破残的哺乳动物化石，计有猪、牛、羊、鹿 4 种，其中牛、猪是新发现的种类。这次发掘没有找到磨制石器和陶片，但在扰乱层中出土一件穿孔砾石。由于这件穿孔砾石与桂林甑皮岩新石器时代洞穴遗址出土的穿孔石器相近，因此发掘者杨群认为白莲洞遗址的时代

柳州白莲洞遗址：
新旧石器时代过渡的见证

柳州白莲洞洞穴科学博物馆内景（柳州白莲洞洞穴科学博物馆供图）

也可能延续到全新世，即从中石器时代延续到新石器时代初期。

　　1980 年 2 月起，柳州市博物馆专业人员继续对白莲洞遗址的西部扰乱层进行清理，试掘了另一条长 4 米、宽 2 米东西向的探沟，并在洞口外侧开挖稍小深沟一条，以摸清洞口外沿的堆积情况。这次试掘，在第四层中采到人牙化石 1 枚，发掘出

石制品与石器残件约 150 件，以及用火遗迹和烧骨、烧石等，发现的各类动物化石 19 种，其中有大熊猫、熊、竹鼠等新发现的哺乳动物种类。

1981 年 4 月和 1982 年 3 月，北京自然博物馆（今国家自然博物馆）和柳州市博物馆在裴文中教授的指导下，先后对白

柳州白莲洞遗址：
新旧石器时代过渡的见证

莲洞遗址进行联合发掘。考古队除清理了第二探沟和第一探沟周围的扰乱层外，还按照田野考古的方法，布方进行了一定规模发掘。这两次清理和发掘获得了更多种类的哺乳动物化石及遗物。在整个白莲洞遗址的发掘过程中，裴文中院士自始至终十分关心和支持挖掘工作，他不但亲自观察典型标本，还多次指出，要采用严格的田野考古方法对白莲洞遗址进行发掘和清理，其间他还向柳州市博物馆发函，表示将于9月至10月间赴柳参加白莲洞遗址的发掘工作，后因病未能成行。此次考古发掘，清理出了遗址的剖面，基本弄清了堆积的层位关系，为今后的进一步研究工作奠定了良好的基础。之后，北京大学、四川大学、成都地质学院（今成都理工大学）、中国历史博物馆

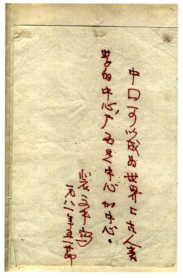

裴文中院士为白莲洞遗址题词（引自谢光茂、黄少崇《史前人类足迹》）

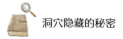

洞穴隐藏的秘密

（今中国国家博物馆）、中国科学院古脊椎动物与古人类研究所先后派出专业人员对遗址发掘进行指导，并对白莲洞遗址进行多学科综合性研究。

专家对白莲洞遗址出土的石器进行分类和鉴定（引自谢光茂、黄少崇《史前人类足迹》）

柳州白莲洞洞穴科学博物馆内景（柳州白莲洞洞穴科学博物馆供图）

柳州白莲洞遗址：
新旧石器时代过渡的见证

白莲洞遗址出土的陶片（柳州白莲洞洞穴科学博物馆供图）

白莲洞的"五段传奇"

在中国考古学界有"北有山顶洞，南有白莲洞"之说，说明白莲洞遗址中的文化遗存十分丰富。

专业人员经多次发掘和研究，确定白莲洞遗址堆积物厚达3米，发现人类用火遗迹——火坑2处、人类牙齿化石2枚；所出标本计有骨角器2件，陶片12件，石器成品、半成品及废石料共500多件。根据各层出土遗物情况，可将白莲洞遗址按年代先后划分为五个不同阶段。

第一阶段为距今3.6万—2.6万年。本阶段发现人类用火遗迹2处、人牙化石2枚、各类石制品207件。出土的石器以燧石制作的小型石器为主，还有少量砾石石器，在本阶段可见到颇具特色的"白莲洞式打片法"的早期踪迹。此时白莲洞人的经济活动主要以采集和渔猎为主。

第二阶段为距今2.6万—2.0万年。本阶段发现的燧石小石器与第一阶段的相比，带有细石器的特点，出现了细石叶。石器种类增多，主要有尖状器、刮削器、雕刻器等。此外，还开始出现一类敲砸器，可用来砸破螺壳或敲骨取髓。这类敲砸器，

柳州白莲洞遗址：
新旧石器时代过渡的见证

敲砸端或呈尖锥状，或修成棱脊，特别是为了便于握持而修有把手，一般是将长圆或长而扁平的砾石其中一端打断，再将断面修成弧状，修理的疤痕有时层层叠压；另外，没有明显的锐缘，而是类似陡刃的外形。在白莲洞遗址内，随着层位里所含螺壳的增加，这类敲砸器的数量增多，制作也愈加熟练、规整。此外，还出现了工艺非常原始的磨削技术。总之，这一阶段石器制作表明，旧石器时代器物的制作经过长期的发展，到晚期阶段已达到了相当高的水平。随着时间推移，地层中螺蚌壳的含量逐渐增多，表明此时白莲洞人在渔猎活动中普遍捞取螺蚌为食。

第三阶段为距今 2.0 万—1.2 万年。这一阶段燧石细小石器明显减少，砾石石器增加并占主导地位，出现了局部磨刃石器和穿孔石器等新的文化因素，表现出由旧石器时代向新石器时代过渡的状态。这一时期白莲洞人的磨制技术水平已大为提高，不仅应用于石器，还扩大到骨、角器的磨制上，出现磨尖和磨刃制品，以作为生活用品。穿孔石器是这一时期很重要的一类器物。穿孔石器中的穿孔砾石又称"重石"，是利用较大的砾石两面相对穿孔而成。根据现代民族学的资料，穿孔砾石可作为加重物，附加在挖土棒上，成为一种原始的农具。穿孔砾石的出现，说明此时白莲洞人的经济活动虽仍以采集和渔猎为主，但已由发达的采集和渔猎等掠夺性活动开始向原始农耕和原始驯养等生产性活动过渡。

第四阶段为距今 1.1 万—0.9 万年。此时已进入新石器时代。该阶段的石器绝大多数仍为砾石工具，打制石器仍以砾石

工具为主，发现少量燧石石片制品，出现通体磨光石制品，如双刃切割器。甚至是作为重石的穿孔砾石，不仅孔壁被打磨光滑，器身也经过精细的打磨。学术界认为，新石器时代的四个指标——磨制石器、原始农耕、制陶术的广泛使用和家畜驯养在白莲洞遗址的第四阶段文化堆积已经具备，表明白莲洞人摆脱了原始状态，进入了一个崭新的时代。

第五阶段为距今 0.7 万年前后。由于农民挖岩泥作肥料，因此，该期的文化层被严重破坏，遗物仅发现少量的燧石石片和夹砂陶。由于出土遗物太单一，因此还不足以反映该时段的文化面貌。

白莲洞文化分期表

文化阶段分期	白莲洞第一期文化	白莲洞第二期文化	白莲洞第三期文化	白莲洞第四期文化	白莲洞第五期文化
文化年代	旧石器时代晚期	旧石器时代晚期	过渡时期（中石器时代）	新石器时代早期	新石器时代中期
时间跨度	距今 3.6 万—2.6 万年	距今 2.6 万—2.0 万年	距今 2.0 万—1.2 万年	距今 1.1 万—0.9 万年	距今 0.7 万年前后
典型器物	以燧石制作的小型器为主，还有少量砾石器	以细石器为主，有燧石小石器、敲砸器	砾石器、原始穿孔砾石	以砾石工具为主，出现通体磨光的石制品	少量的燧石石片和夹砂陶

白莲洞遗址五个阶段的文化，共同记录了白莲洞人在距今 3.6 万—0.7 万年从"茹毛饮血"到"刀耕火种"的史前社会变迁痕迹，全景式地展示了华南地区旧石器时代文化向新石器时代文化过渡的场景。

柳州白莲洞遗址：
新旧石器时代过渡的见证

砍砸器

刮削器

穿孔石器

通体磨光的石锛

磨刃石锛

白莲洞遗址出土的器物（柳州白莲洞洞穴科学博物馆供图）

野牛牙化石 　　　　　　　　　　鹿牙化石

野猪牙化石 　　　　　　　　　　豪猪牙化石

白莲洞遗址出土的动物化石（柳州白莲洞洞穴科学博物馆供图）

柳州白莲洞遗址：
新旧石器时代过渡的见证

大象牙化石

貂下颌骨化石

白莲洞遗址出土的动物化石（引自谢光茂、黄少崇《史前人类足迹》）

燧石小石器的谜团

◆▶◆

白莲洞遗址出土的燧石细石器受到学术界的高度关注。

燧石，又称火石，是一种富含硅质的沉积岩，其硬度高、脆性大，经过打击或摩擦能产生火花，这一特性使得燧石在人类历史上扮演了至关重要的角色，是史前人类制作工具的首选材料之一。在尚未掌握人工取火技术之前，古人利用燧石相互撞击产生的火花来引燃易燃物，以此实现对火的控制与利用，这无疑是人类进化史上的一大飞跃。

随着对燧石特性的不断认识和利用，史前人类开始尝试将其加工成更为精细的工具——细石器。细石器是指利用打制或压制技术，将燧石等石材加工成形状规整、边缘锋利的石器。这些细石器不仅用于切割、刮削等基本生产活动，还逐渐发展成用于狩猎、捕鱼乃至制作艺术品的专用工具。细石器的出现，标志着古人类石器制作技术的一次重大进步，极大地提高了古人类的生产效率和生活质量。

白莲洞遗址出土的燧石细石器，从更新世晚期延续至全新世初期，以各种燧石加工的小石片石器为主要特征，也有了少

柳州白莲洞遗址：
新旧石器时代过渡的见证

量柱状细石核和细石叶。观察出土石器可知，白莲洞遗址出土的刮削器虽不及细石器中的同类石器精致，但其中一些已经相当典型。石片普遍较小，主要使用砸击法打片，少量采用锤击法，个别石片薄长，类似于细石叶；有使用痕迹的石片比刮削器还多。这些石片多数是使用石片的直刃、凹刃、凸刃来刮削，刃缘都有经不同程度使用留下的锯齿状缺口。石核主要是小型的，多为锤击石核，以单台面石核为主，多数为自然台面，还有少量双台面和多台面石核。少量梭柱状石核留有长条规整石片疤，类似于细石核。

　　白莲洞遗址出土的以黑色燧石制作的细小石器，以石片石器为主，且包含经过二次加工的精致器物，其中，许多小器物带有细石器的特点。加工方法除一般的锤击法外，有时还采用压削法。白莲洞遗址的燧石细石器，以独特的制作工艺和精美的形态，为我们揭示了远古人类的生活状态和审美追求。考古发现可知，细石器在北方地区发现较多。那么，白莲洞遗址出土的这些细石器是否存在外来因素的影响呢？这是一个值得深入研讨的话题。只有深入挖掘这些细石器所蕴含的历史价值和文化价值，才能让更多人了解先民们与自然和谐共生的生存智慧。

扫码获取更多资源

隆安娅怀洞遗址：中国发现的第二处旧石器时代墓葬

娅怀洞遗址位于广西隆安县乔建镇博浪村博浪屯的一座孤山上，距离隆安县城 13 千米。遗址东北面近 1.5 千米处是新石器时代大石铲遗存的代表性遗址——大龙潭遗址，东南面 1 千米是奔流不息的右江，附近有天然水塘，前面是平坦开阔地，自然环境十分优越。

娅怀洞遗址发掘发现了距今 1.6 万多年的墓葬、人骨化石和疑似稻属植硅体，出土上万件文化遗物。

穿透娅怀洞的时光刻印

◆▶◀◆

　　广西隆安县乔建镇博浪村四周是一片平坦的土地，附近1千米远的地方，就是浩浩汤汤的右江。右江水的滋润，使此地树木葱茏，绿草如茵。由于此地田畴平旷，倘若狂风暴雨袭来，似乎没有可躲避的地方，好在离村庄300米开外，有大自然赐予的一座孤山。在南方，一般有山就有洞，果不其然，在距离该孤山山脚20米之处真就有个洞穴。只见该洞穴洞口宽阔，采光极好。洞内面积较大，夏天可躲烈日，冬天可避严寒，上山可以狩猎，下河可以捕捞，再也没有比这里更适合古人类居住的地方了。

　　对于现今的当地村民来说，这座孤山上的洞穴多少带有些神秘色彩。当地人都叫这洞为"娅怀洞"。在壮语里，"娅怀"是指长有尾巴、披着长发、尖牙利齿、吃人的"老阿婆"，是个恐怖的代名词。据说新中国成立前，匪患横行，山洞附近常有土匪剪径，这个神秘洞穴就成了匪窝；新中国成立初期的剿匪时期，据说还有走投无路的土匪头子在山洞里自杀。因此，村民们对此洞敬而远之，平时很少有人敢上山，更别说进洞了。

隆安娅怀洞遗址远景（谢光茂供图）

2014 年，广西文物保护与考古研究所研究馆员谢广维在主持发掘大龙潭遗址时，顺便对附近洞穴进行调查，发现了这个距大龙潭遗址 1.5 千米的洞穴遗址。该洞穴由前洞厅和内洞两部分组成，总面积约 110 平方米。洞厅为一高大的岩厦，洞口朝西，高出山脚约 23 米；内洞长约 8 米，宽约 3 米。

2015 年 5 月至 2017 年 9 月，经国家文物局批准，广西文物保护与考古研究所会同隆安县文物管理所对遗址进行连续3 年的考古发掘，同时对遗址被后人扰乱部分的堆积进行了清理，并取得重要收获：发现 1 座旧石器时代墓葬和 2 处史前人类用火遗迹，出土了石器、人骨、兽骨等各类遗物约 2 万件。

史前人类用火遗迹（谢光茂供图）

考古发掘成果入围中国社会科学院"2017 中国考古新发现"，并在 2017 年度"全国十大考古新发现"评选活动中进入前 20 名，中央广播电视总台《新闻联播》曾报道"娅怀洞遗址是继山顶洞人墓葬发现后的第二处旧石器时代的墓葬"。

娅怀洞遗址发现的墓葬，墓坑大致呈长方形，保留了较多人骨，包括头骨和下颌骨以及部分其他部位骨骸。头骨出土时已破裂为多块，经复原后几乎完整。当考古专家们看到墓葬中这具完整的成年人头骨时非常激动，不仅仅是因为它的完整，更重要的是，它创造了华南地区的"唯一"。更新世晚期的人类头骨在我国甚少发现，而且大多缺乏确切年代。娅怀洞遗址出土的这具头骨化石的年代经碳 –14 测定为距今 1.6 万年，与著名的山顶洞人的年代大致相同。

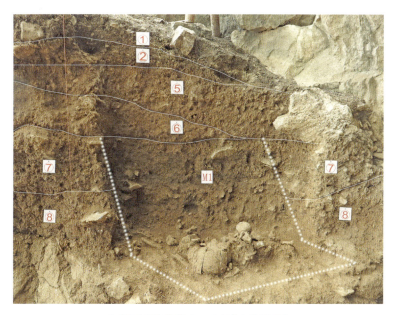

娅怀洞遗址墓葬（M1）（谢光茂供图）

经过修复的娅怀洞遗址出土的人头骨化石（谢光茂供图）

隆安娅怀洞遗址：
中国发现的第二处旧石器时代墓葬

"十分震撼，难能可贵。"中国科学院古脊椎动物与古人类研究所研究员高星用这句话评价了这个发现。他说，在南方的酸性土壤条件下，一具 1.6 万年前的人类头骨能完整地保存至今，真是非常幸运。

　　而娅怀洞墓葬中的人骨经专家鉴定同属于一个个体，这是岭南地区迄今为止所发现的为数不多的具有确切地层层位和可靠测年的完整人头骨及体骨化石，这对于研究更新世晚期人群的多样性、人群的迁徙与交流以及旧石器时代晚期人类的埋葬习俗具有重大的学术价值。至于娅怀洞遗址出土的人头骨化石是不是属于骆越人祖先的遗骸，还有待进一步研究。

娅怀洞人的智慧结晶

◆▶◀◆

娅怀洞遗址地层堆积深厚，保存较好，文化内涵丰富而独特，时间跨度大，发展脉络清晰。娅怀洞遗址先民利用这里优越的环境长期居住和生活，创造出独具特色的史前文化，这对于研究该区域史前人类的生活状况及人地关系具有重要意义。

娅怀洞遗址出土了数以万计的遗物，种类丰富，包括大量的石制品及少量的蚌器、骨器和陶片，以及大量的水陆生动物遗骸及植物硅体等自然遗存。这些遗物包括扰土层出土和原生地层出土两部分。娅怀洞遗址出土的文化遗存大致可以分为四期，年代由早到晚分别为第一期距今 4 万—3 万年、第二期距今约 2.5 万年、第三期距今约 1.6 万年、第四期距今 0.5 万—0.4 万年。

石制品是娅怀洞遗址出土的主要遗物，数量在 10000 件以上，包括打制石器和磨制石器，其中打制石器占绝大多数，磨制石器极少；石器原料多种多样，除常见的砂岩、石英岩、石英外，还有广西地区史前遗址中很少见到的燧石、玻璃陨石、水晶等。石制品种类有石锤、石核、石片、断块、碎片、工具

蚌器

陶片

水晶制品

娅怀洞遗址出土的遗存（谢光茂供图）

娅怀洞遗址出土的玻璃陨石制品（谢光茂供图）

隆安娅怀洞遗址：
中国发现的第二处旧石器时代墓葬

娅怀洞遗址出土的各种石质原料制品（谢光茂供图）

等，其中石片数量最多，部分石片有使用痕迹。工具类型有砍砸器、刮削器、尖状器、切割器等，其中刮削器的数量最多，部分工具有使用痕迹。磨制石器有石锛、石斧、石铲和穿孔石器。

此外，在娅怀洞遗址 B 区，考古人员还发现了距今 1.6 万多年的疑似稻属植物特有的硅体。所谓植硅体，是指某些植物从水中吸取可溶性二氧化硅后，沉淀形成的一种二氧化硅颗粒，相当于植物体内的"结石"。大量的考古证据揭示，栽培稻的驯化和稻作农业的起源始于距今 1 万年左右，这应该是人类对野生稻资源长期利用的结果。此次在娅怀洞遗址发现了距今 1.6 万多年的疑似野生稻属植硅体，这是不是意味着，当时的娅怀洞人已经早于世界各地吃上了"米饭"？虽然答案是否定的，但相关专家学者仍然认为，这个发现的意义非常重大，或许能为研究古代人类利用野生稻的历史提供实物资料。

人类大约在 1 万年前学会了驯化、栽培水稻，在此之前，有很长一段时间是在利用野生稻。娅怀洞遗址发现的疑似野生稻属植硅体，有可能是我国乃至世界考古发现的最早的野生稻

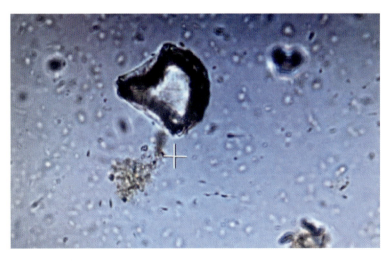

娅怀洞遗址发现的距今 1.6 万多年的疑似野生稻属植硅体（谢光茂供图）

隆安娅怀洞遗址：
中国发现的第二处旧石器时代墓葬

遗存。这是否是当时人类利用野生稻的证据，目前还不敢确定，但年代如此之早的野生稻遗存本身就是一个重要的发现。

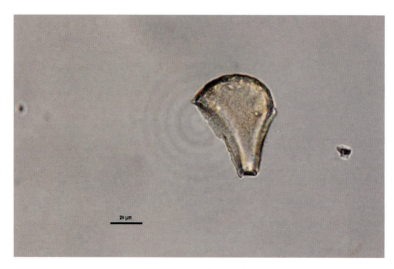

娅怀洞遗址发现的疑似水稻植硅体（谢光茂供图）

细小石器组合

◆▶◆

　　在娅怀洞人的组合工具中，最引人注目的是使用燧石、玻璃陨石、水晶作为原材料制作的工具。尤其是半透明的黑色玻璃陨石，整体只有手指头大，边缘锋利。像这样锋利的石片，是史前人类主要用于刮削、切割的工具。此外，娅怀洞遗址还出土了数量众多的形体细小的石器，这种细小石器刃缘锋利，可以作为小刀使用。研究表明，至少到了旧石器时代晚期，以砾石石器工业为传统的中国南方地区出现了以细小石器组合为特征的石片石器工业，而这种组合在东南亚大陆旧石器遗址中也有一些发现。娅怀洞遗址出土的这套细小石器为研究旧石器时代晚期中国南北方文化关系提供了新的资料，同时，该遗址几万年连续的地层堆积及丰富的文化遗存也成为研究华南及东南亚地区此类遗存的重要标尺，表明广西是连接东亚和东南亚的重要通道和两地史前文化交流与传播的走廊。

　　娅怀洞出土的石器总体上属于石片石器传统，这与岭南地区以往发现的打制石器属于砾石石器传统形成鲜明对比。但在技术和工具的形制上，其与我国北方的石片石器又有所不同，

隆安娅怀洞遗址：
中国发现的第二处旧石器时代墓葬

具有鲜明的地方特点，属于岭南地区史前文化中的一种新类型。

娅怀洞遗址出土的穿孔石器（第三期）（谢光茂供图）

娅怀洞遗址出土的蚌器（第三期）（谢光茂供图）

娅怀洞遗址出土的骨器（左：第四期；右：第三期）（谢光茂供图）

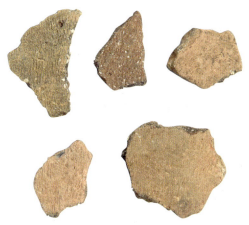

娅怀洞遗址出土的陶片（第四期）（谢光茂供图）

娅怀洞遗址出土的细石器（谢光茂供图）

隆安娅怀洞遗址：
中国发现的第二处旧石器时代墓葬

广西文物保护与考古研究所研究馆员、娅怀洞遗址发掘领队谢光茂认为，娅怀洞遗址这些文化遗存，不仅为研究我国南方及东南亚地区史前文化、更新世晚期人类行为及文化的多样性提供了珍贵资料，还填补了右江流域史前文化的缺失，完善了广西史前文化序列。发源于云南的右江，在其流域内发现了丰富的史前文化遗存，尤其以广西百色的旧石器而闻名中外。但该流域在旧石器时代除早期文化特征明显、年代比较清楚外，中晚期文化面貌一直模糊不清，而娅怀洞遗址出土大量具有确切层位、年代距今 4 万—1 万年的文化遗存填补了这一缺环。

扫码获取更多资源

桂林甑皮岩遗址：
万年智慧圣地

　　山水与文化甲天下的名城桂林，建城已有两千多年，而桂林人类的历史，还要更为久远。

　　史料记载，四千多年前，虞舜"南巡"桂林，与百越共商大计。

　　那么，在百越之前，谁是桂林的主人呢？

　　自 20 世纪 30 年代以来，几代考古工作者在桂林星罗棋布的溶洞里苦苦探寻答案，直到甑皮岩遗址的发现，才揭开了谜底。

　　甑皮岩先民是具有高智商的人群，双料混炼制陶技术是万年前人类的发明，桂林是万年人类智慧圣地。2017 年 6 月 22 日至 24 日，中国社会科学院考古研究所在桂林举行"中国南方史前考古暨桂林父子岩遗址发掘学术研讨会"，专家们一致同意将桂林命名为"万年智慧圣地"。

甑皮岩遗址的偶然发现

◆▶◀◆

20世纪30年代，中国迎来了一股寻找人类祖先的"考古热"。1935年，一支星光熠熠的考古队来到桂林，其中有裴文中、杨钟健等中国考古界的泰斗，还有法国考古学家德日进。他们在桂林的一个石灰岩洞穴中，首次发现了打制的砾石器等古人类文化遗存，这不仅是广西最早发现的史前遗存，也是桂林存在早期人类及其文化的重要证据。30年后的1965年，北京大学考古系毕业的年轻学者蒋廷瑜，带领考古队在桂林进行文物普查，意外地揭开了桂林史前文化的神秘面纱。甑皮岩遗址的发现，就是这次普查的最大收获。

甑皮岩遗址的发现过程颇为独特，它既非源自地方志的记载，也非当地群众的直接发现。原因在于，现代考古学于1921年才进入中国，至今天也不过百余年，而彼时地方志更是未纳入考古视角。那么，这处遗址究竟如何重见天日呢？说来话长。事实上，据蒋廷瑜所述，甑皮岩遗址的露面，是文物工作者在专项调查中的一次邂逅。

甑皮岩遗址的发现时间可追溯至1965年，当时正值广西全区文物普查之际。6月4日，蒋廷瑜率考古队自桂林阳桥出发，徒步探寻瓦窑方向的洞穴。中午时分，队员们走到甑皮岩，坐在一处洞口前的斜坡上吃午餐。蒋廷瑜随手一锄，竟意外掘出一片新石器时代的绳纹夹砂陶片，引发全队轰动。巫惠民，一位经验丰富的洞穴考古专家，与蒋廷瑜一起迅速确认了其年代。队员们随即沿周边挖掘，虽未再获陶片，但蒋廷瑜推测陶片或

甑皮岩遗址洞口（桂林甑皮岩遗址博物馆供图）

桂林甑皮岩遗址：
万年智慧圣地

甑皮岩遗址（桂林甑皮岩遗址博物馆供图）

源自眼前洞内。初看洞口，仅一条狭窄裂缝，虽不似人居之所，但旁人描述的洞内情景却提供了重要信息：曾有地质队在洞内进行过挖掘，致使陶片、兽骨散落至洞外。这一小块陶片的偶然发现，揭开了甑皮岩遗址的神秘面纱，使考古队对该洞的重要性有了全新认识。

考古队深入洞穴，细致审视北壁，发现一层坚固的含文化遗物的堆积紧紧胶结于壁上。轻敲之下，夹砂陶片、石器碎片、兽骨及螺蚌壳纷纷显露，其中夹砂陶片的显现尤为引人注目。此前，考古界普遍认为此类胶结层属于旧石器时代，年代距今超万年。然而，胶结层内夹砂陶片的发现，无疑将其历史往后推至新石器时代。

队员张益贵与李玉瑜在岩洞中挖掘小坑，发现土质疏松，文化堆积明显，进一步证实了此处为新石器时代洞穴遗址。队员们深感此次调查意义非凡，决定深入探究。

当日傍晚收工出洞后，队员们环顾四周，只见遗址周围湖沼、水塘与洼地交织，甑皮岩所在的独山西南与东南地势开阔。遥想远古，此地应是水草丰茂、森林密布、螺蚌鱼虾丰富、飞禽走兽成群的狩猎采集天堂，也应是古人类生活的绝好场所。

考古队一行沿桂林至八步（今贺州）公路步行 40 分钟到瓦窑外搭乘公共汽车回榕城饭店。当晚，队员们向整个普查组做了汇报，经讨论，普查组决定第二天多派几个人对甑皮岩再次进行考察。

翌日（6 月 5 日），考古队重返甑皮岩。据蒋廷瑜忆述，他们扩展小坑为 2 米见方、深 1.6 米的试掘坑，发现疑似墓葬或灰坑里的头骨。坑内分为扰乱层、碳酸钙胶结层和原生层，后者无疑未经扰动。6 月 6 日—9 日，队员们持续试掘，王克荣亦因闻讯人头骨出土而加入。其间，多具人骨架的发现极大鼓舞了队伍的士气，直至 6 月 9 日因遇石层无法继续发掘才作罢。队员们保留人骨埋葬现场，将坑土回填，以待日后正式发掘。

1965 年 6 月 4 日—9 日的试掘成果非常丰硕。考古队在一个长 2 米、宽 2 米的探方里，挖出了 4 具人骨，还有许多石器、蚌器、骨器。考古队把这些文物送到广西壮族自治区博物馆存放，并撰写了试掘简报。由于当时考古队员把甑皮岩遗址所在

桂林甑皮岩遗址：
万年智慧圣地

甑皮岩遗址外观全景（桂林甑皮岩遗址博物馆供图）

1965 年甑皮岩遗址试掘现场（桂林甑皮岩遗址博物馆供图）

的独山误认为相人山，因此在遗址登记表上填写的是“相人山遗址”，撰写的简报也命名为《相人山西南洞试掘报告》，直到正式给遗址命名时才将其更正为“甑皮岩遗址”。

两次发掘探寻真容

◆▶◀

◆▶ **1973 年：首次正式发掘，开启华南史前遗址新篇章**

甑皮岩遗址的名称是怎么来的呢？一种说法是由于岩洞所在的独山山体形似当地传统风味小吃——甑糕，因此被称为"甑皮岩"。1965 年，年轻的蒋廷瑜打开了这扇了解古人类的时空之门，然而之后的 8 年时间里，考古队没有机会再对甑皮岩遗址进行考察。

1973 年，有关部门要在甑皮岩处施工开挖防空洞，得知消息的考古工作者紧急上报上级部门，最终得到对甑皮岩遗址进行抢救性发掘的批复。第一次正式考古发掘的领队由阳吉昌担任。阳吉昌当时在桂林，他是桂林唯一一个从北京大学考古学专业毕业，又参加过半坡遗址考古工作的专业考古人员。

正式发掘之后，考古队才发现，在华南地区还有一个内涵如此丰富的史前遗址。当时整个考古界，甚至整个文化圈都有不少人认为中华文明是从中原往外扩散的。但是，包括甑皮岩、红山等遗址在内的考古发掘证明，中华文明的起源并没有那么

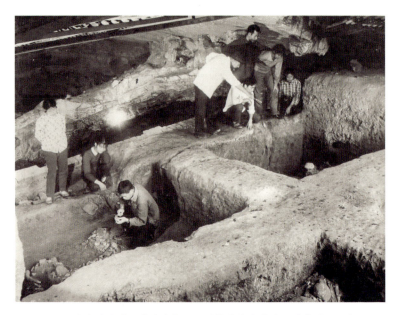

1973 年甑皮岩遗址考古发掘现场（桂林甑皮岩遗址博物馆供图）

1973 年甑皮岩遗址考古发掘现场（右为阳吉昌，左为赵平）（桂林甑皮岩遗址博物馆供图）

洞穴隐藏的秘密

简单。1973 年的考古发掘工作共发掘出 18 具人骨，以及上千件石器、陶器（片）、骨器、蚌器、角器和大量的水陆生动物遗骸。而甑皮岩人奇特的屈肢蹲葬，年代超过 1 万年的古老陶片和猪骨骼，在中外考古界引起震动。值得一提的是，1973 年的这次考古发掘，还发现了一种已灭绝的动物——秀丽漓江鹿的骨骼。秀丽漓江鹿的鹿角比较有特点，呈"S"形，扭曲上旋，到末端的时候才开杈。秀丽漓江鹿的体形应该跟梅花鹿差不多。

值得一提的是，1973 年，邓小平同志陪同时任加拿大总理特鲁多到桂林访问时，得知甑皮岩遗址的考古发掘取得了重要成果，当即作出了要保护好甑皮岩遗址的重要指示。很快，桂林市人民政府决定保留甑皮岩遗址，并筹建陈列馆。1978 年 12 月 11 日，桂林甑皮岩洞穴遗址陈列馆正式建成开放，阳吉昌担任首任馆长。1986 年，邓小平同志再次来到桂林，专程视察甑皮岩洞穴遗址陈列馆，并作出了"这是研究华南地区古代民族起源的重要资料，要保护好遗址"的重要指示。

甑皮岩遗址的发掘和保护，堪称 20 世纪 70 年代华南洞穴考古最重大的考古成果，也是当时全国最有影响力的考古成果之一。但是，由于当时没有对发掘标本进行详细的分析和研究，加之石灰岩地区出土的标本年代较早等问题，因此考古学界对甑皮岩遗址的年代存在争议。这场争议，一争就持续了 28 年。据蒋廷瑜分析，1965 年试掘甑皮岩时没有搞清楚遗址年代的原因，主要是遗址地层中间有一个钙化板，即钟乳石的水滴掉下来以后形成的一个板，它盖住了后面的堆积。因为钙化板有两层，所以后来在用碳 –14 测年法测定它的年代的时候，出现了误差。

桂林甑皮岩遗址：
万年智慧圣地

20世纪70年代的桂林甑皮岩洞穴遗址陈列馆展厅（桂林甑皮岩遗址博物馆供图）

◆ 2001 年：再次正式发掘，揭示遗址深厚文化底蕴

　　2000 年，中国社会科学院考古研究所傅宪国领队到桂林甑皮岩附近的大岩遗址进行发掘，发现了非容器的陶制品和一块素面夹砂原始陶容器，引起全国考古学界的瞩目。人们再次把关注的目光投向甑皮岩遗址，认为这里一定还隐藏着许多秘密。其实，20 世纪 90 年代中期以后，广西的史前考古开始进入快速发展时期。一些遗址的发掘相继取得重大成果，建构广西区域性史前文化发展序列逐渐成为可能。那么，甑皮岩遗址在广西史前文化中占有何种地位，便成为学术界特别关注的问题。

　　带着好奇与责任，2001 年 5 月，傅宪国带队对甑皮岩遗址进行了再次发掘。为了确保有效保护，考古队把发掘面积控制在尽可能小的范围内，选择对以前发掘过的几个探方的壁面进行扩大清理。他们层层剥离、观察、记录，将厚达 3.3 米的文化堆积划分为 32 个文化层。为了尽可能全面地获取遗址内的文化信息，大家用钢质筛网对清理出的全部原生堆积土进行筛选，将陶片、石片、石块、水生陆生动物遗骸，不论大小，悉数选出。过完筛的土样全部被保留下来，在发掘工作结束后，又用浮选机进行浮选。再收集浮选和粗选标本，拣选筛漏的细小动物遗骸，供进一步分析研究。为进行土壤酸碱性、植物孢粉、植物硅酸体的分析和研究，考古队员在每一探方的每一地层均采集了土样。在发掘的同时，考古队还邀请相关学科的专家参与研究，充分提取和利用了信息资源。

这次正式考古发掘收获颇丰，不仅厘清了地层分歧，还将甑皮岩遗址的起始年代提前到了距今 1.2 万年。同时，还发现了目前中国新石器时代洞穴遗址所知年代最早的石器加工点和一个动物新种属——桂林广西鸟。在所有的发现中，一件被命名为"甑皮岩陶雏器"的夹砂陶器（陶片）引起了轰动，其年代距今已有 1.2 万年。

此后，在不到两年的时间内，结合宝积岩、庙岩、朝桂岩、大岩和资源晓锦等遗址的出土资料，傅宪国团队基本上重建了桂北地区从旧石器时代晚期到新石器时代末期文化发展的序列和年代框架，并基本认定了各个时期的文化特征。虽然学界对该序列和框架还存在一些不同意见，但桂北地区史前文化总体发展的脉络还是很清晰的。考古队员将发掘和研究成果整理成

桂林甑皮岩遗址：
万年智慧圣地

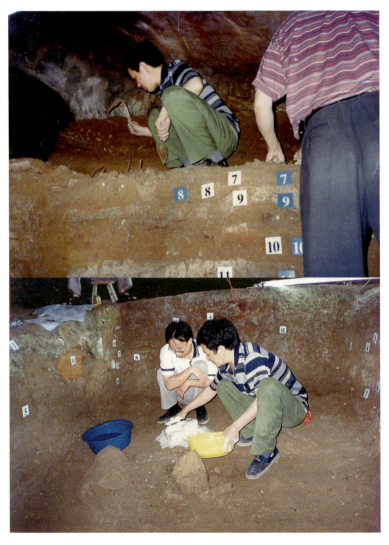

2001 年甑皮岩遗址发掘现场（桂林甑皮岩遗址博物馆供图）

砍砸器

石锛

石凿

石矛

甑皮岩遗址出土的石器（桂林甑皮岩遗址博物馆供图）

桂林甑皮岩遗址：
万年智慧圣地

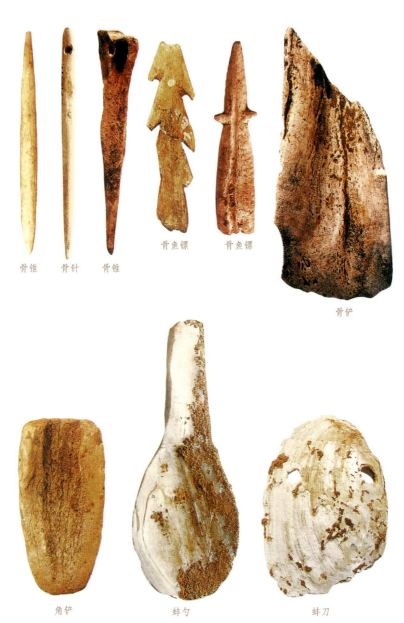

骨锥　骨针　骨锥

骨鱼镖　　骨鱼镖

骨铲

角铲　　　　　蚌勺　　　　　　蚌刀

甑皮岩遗址出土的骨器、角器、蚌器（桂林甑皮岩遗址博物馆供图）

洞穴隐藏的秘密

文，撰写并出版了一部60万字的考古发掘报告《桂林甑皮岩》。2003年12月，在桂林市召开"华南及东南亚史前考古——纪念甑皮岩遗址发掘三十周年国际学术研讨会"，来自中国及美国、英国、澳大利亚等10多个国家和地区的考古专家学者共70多人参加了本次研讨会，《桂林甑皮岩》这部考古报告受到与会专家学者的高度赞赏。2001年，对甑皮岩遗址的发掘还荣获全国田野考古奖二等奖。

2003年12月，"华南及东南亚史前考古——纪念甑皮岩遗址发掘三十周年国际学术研讨会"会议现场（桂林甑皮岩遗址博物馆供图）

桂林甑皮岩遗址：
万年智慧圣地

2003 年 12 月，著名考古学家、澳大利亚国立大学皮特·贝伍德教授（右一）考察甑皮岩遗址（桂林甑皮岩遗址博物馆供图）

2003 年 12 月，我国著名考古学家石兴邦（左四）、安志敏（左六）、张忠培（左五）等在桂林市参加学术会议期间，前往甑皮岩遗址考察（桂林甑皮岩遗址博物馆供图）

洞穴隐藏的秘密

甑皮岩人的陶器奇缘

◆▶◀

在甑皮岩遗址的众多宝藏中，两块看似不起眼的陶片，却成了博物馆的镇馆之宝。它们究竟有何非凡之处，竟能担当如此重任？

故事还得从 2001 年对甑皮岩遗址的第二次正式考古发掘说起。当考古队从遗址中挖出这两块"泥块"时，谁也没想到它们竟是如此珍贵的陶片。这两块陶片与其他陶片最大的不同，在于保存了陶器最原始的模样，仿佛是古人类刚刚捏制出来还未经烧制的模样。考古队员小心翼翼地用托盘将它们取出，并请来了上海硅酸盐研究所的专家进行取样分析。由于陶片太过脆弱，专家先对它们进行了加固处理，再慢慢剥离出它们原本的面貌。

上海硅酸盐研究所的专家把样品采回去做了分析之后，也很激动。因为这两块陶片保留了陶器最开始的样子，填补了陶器制作技艺上的空白。这两块陶片的制作方式极为原始，其胎体厚度惊人，达到了 3.6 厘米，且夹杂大量粗犷的石英颗粒，呈现出质朴无华的特质。陶器形态近似军用钢盔，整体呈半穹

桂林甑皮岩遗址：
万年智慧圣地

状，边缘浑厚弯曲，最大开口位于口沿，整体弧度向下收敛至圜底，被推测为手工捏制而成，制作工艺颇为直接简约。晾干后即可使用。在晾干过程中，由于泥土和石英石颗粒的收缩比不同，导致陶器表面产生了鱼鳞状的裂痕。甑皮岩人在做好陶器后，还在口沿外侧压印了一些类似绳纹的纹饰，再将其磨平。整个陶器呈灰白色，其中口沿部分偏灰色。

检测结果更是令人惊讶。这件陶器的烧成温度竟然没有超过250℃。要知道，一般的陶器烧成温度都在800℃左右，有些甚至达到了1100℃。而甑皮岩的第一期陶器，竟然没有经过高温烧制（250℃有可能是煮食物时达到的温度）。这一发现，让考古队和专家们意识到，这件陶器可能是古人类在制作过程中，晾干后就直接拿来使用的原始工具。

为了验证这一推测，考古队又在甑皮岩遗址周边找到了一些与这两块陶片相似的泥土，这些泥土同样夹杂了很多的石英石颗粒，然后进行实验。实验结果表明，这些泥土制成的陶器确实能把水烧热，虽没能完全烧开，但也可以证明它是一件能使用的器物，而非试验性物品。

这件古朴的陶器，无疑是考古学者与科研人员长期以来梦寐以求的陶器原始形态的实证。此陶器碎片的发现，将甑皮岩人使用陶器的历史追溯至约1.2万年前，意义非凡。

甑皮岩出土万年陶的消息一经传出，立刻引起了国内外的高度关注。桂林古称"南蛮之地"，生活在这里的甑皮岩先民居然能制造出中国最原始的陶器，而且时间比中原地区还要早，简直不可思议。因此专家认为，岭南地区对整个中华文化贡献

洞穴隐藏的秘密

巨大，其中，最具代表性的事件之一就是陶雏器的出现。该陶雏器保留了最原始的陶器制作工艺，填补了中国岭南陶器制作技艺上的空白。

甑皮岩遗址第一期发现的距今约 1.2 万年的原始陶片（桂林甑皮岩遗址博物馆供图）

　　这件原始的陶器，被复原成为陶釜炊具，有人将其称为"中华第一锅"，类似于现代的砂锅。然而，甑皮岩遗址出土众多陶器的用途，却曾让考古学家们一度困惑不已。因为过去的考古发现表明，陶器的出现与原始农业有一定的关联，原始人类为了便于烧煮五谷而发明了陶器。但甑皮岩历次考古发掘并没有发现过一粒稻谷遗存，那么甑皮岩遗址出土的陶器又是用

桂林甑皮岩遗址：
万年智慧圣地

来烹煮什么的呢?

历次的考古发现,为这个问题提供了一定的线索。考古学家从甑皮岩遗址与原始陶器共同出土的大量螺蛳壳中找到了答案。甑皮岩中遍布大量的螺蛳壳,证明了甑皮岩人对螺蛳、蚌一类的食物情有独钟。螺蚌生吃难以下咽,直接烧烤味道也不鲜美,只有通过烹煮,才能使螺肉变得美味。为证明陶器起源与人类采食螺、蚌类水生动物之间的关系,考古队做了一些实验。实验结果表明,活着的介壳类动物,如果不砸碎外壳,即便用铁制的钉、锥也极难把肉挑出;如果将它们加热煮熟,则极易把肉挑出。队员们仔细观察甑皮岩遗址出土的螺壳和蚌壳,发现它们个体完整,并不像想象的那样被敲去了尾端;这说明甑皮岩人不是破坏螺蚌的外壳取肉,而可能是将螺蚌加热后才将肉取出食用。因此,考古学家推测,甑皮岩出土的万年陶与桂林先民吃螺蚌等介壳类食物有关。

由此推之,桂林地区甚至包括华南大部分地区,陶器起源的原因大概是出于煮螺蚌的需要。由于华南地区气候温暖,水生动物大量繁殖,其中,螺蛳、蚌类等软体动物种类和产量丰富,且容易采集,人们可以花较少的时间和精力获得最高的回报,于是自然而然成为古人类的美食。螺蛳、蚌壳有坚硬的外壳,不可能像鱼类和陆生动物那样直接放在火上烧烤,只能用容器来蒸煮,于是华南地区的古人类发明了陶器。

当然,陶器的出现,也可能是为了便于甑皮岩人烹煮块茎类植物。

中国社会科学院考古研究所王明辉对出土的甑皮岩人的牙

齿进行分析，发现他们普遍有比较严重的龋齿，说明当时他们的食物结构中富含淀粉类食物。考古队采用浮选法，在岩洞内发现了两块芋头皮和一粒 1 万多年前的桂花种子。结合洞内出土的蚌器，考古专家推测，甑皮岩人可能已经掌握了块茎类作物的种植技术。

陶器的发明是人类历史上一场伟大的技术革命。甑皮岩原始陶器的出现，不仅标志着桂林地区在距今约 1.2 万年已跨入新石器时代，也表明了渔猎采集社会同样能够独立地发明陶器，实现向新石器时代的转化，同时显示出甑皮岩人高超的智慧和创造力。

桂林甑皮岩遗址：
万年智慧圣地

探寻甑皮岩人的迁徙与归宿

◆▶◀◆

自 1973 年以来，古人类学家对甑皮岩人骨进行了多次观察和测定，并用科技复原了他们的外形。复原后的甑皮岩人前额平宽，鼻子扁平，眼睑薄且深。中国社会科学院考古研究所王明辉认为，甑皮岩人普遍面部较低，额头较为饱满，鼻梁较宽、矮，与现代华南人或东南亚人相似，甚至与一些接近赤道地区的人种，如马来西亚、印度尼西亚的人种也有相似之处。

2002 年，复旦大学现代人类学研究团队根据大部分百越群体遗传材料的 Y 染色体、DNA 分析结果认为，在现代华南人和东南亚人的形成过程中，甑皮岩先民的基因起到了重要作用。由此可以推断，东南亚地区是甑皮岩人最后的归宿地之一。据推测，在大概 7000 多年前，一部分甑皮岩人离开了桂林，他们沿着漓江、桂江、浔江、郁江，向南分别迁徙到了南宁盆地和东南亚半岛。这些迁徙的甑皮岩人带着他们的文化和智慧，在各地留下了独特的基因印记。如今，在华南地区和东南亚地区的新石器文化中，我们都可以看到甑皮岩文化的影子，这证明了甑皮岩文化对周边地区产生了深远的影响。在甑皮岩遗址的考古发掘中，考古学家们发现了共计 26 具人体遗骸。这些遗骸属于蒙古人种的南宁亚种，为我们揭示了甑皮岩人的部分文化面貌。然而，更令人惊奇的是，这里采用了一种特殊葬式——屈肢蹲葬。

屈肢蹲葬究竟是何种葬式？为何甑皮岩人会选择这种独特的埋葬方式？考古学家们对此展开了激烈的讨论。一种观点认为，这可能与人类进化的历程有关，毕竟，猴子和猿人都是蹲着行走的，古人类进化后或许仍保留了这种习惯，因此死后也选择了蹲坐的姿势。另一种观点则认为，新石器时代的人类习惯于盘坐、蹲坐，因此死后也保持着这种姿势。

然而，这些解释似乎都过于牵强。有人提出了更实际的看法：由于史前文明的生产力不发达，古人类只能使用石器、骨器、蚌器、木头等简陋工具，难以挖出大坑进行埋葬，因此，甑皮岩人只能挖小小的坑，将死者以屈肢蹲葬的方式安葬。此外，还有人认为，甑皮岩遗址面积有限，为了合理分配空间，才选择了这种葬式。

最有趣的一种说法是，屈肢蹲葬的姿势很像胎儿在母体里的样子。古人类或许认为，在死亡时模仿来到世上的姿势，可以回归到大地母亲的怀抱里，这种解释充满了诗意和神秘感。

无论何种解释，都表明甑皮岩人已经具有了某种神秘的原始宗教观念。

甑皮岩遗址的屈肢蹲葬究竟源自何方？是甑皮岩人自己创造的习俗，还是受周边文化的影响才产生的呢？有学者认为，甑皮岩遗址的屈肢蹲葬应该来源于"澳美"群体。该群体从

桂林甑皮岩遗址：
万年智慧圣地

澳大利亚迁移至美拉尼西亚
等赤道附近地区，在距今 7
万—4 万年形成了屈肢蹲葬，
这种葬式后来慢慢向北扩散
至桂林一带。有学者推测，
在甑皮岩时代，甑皮岩人采
用这种葬式或许是一种群体
身份的象征，只有采用这种
葬式的人，才属于特定的群
体，如果不采用这个葬式的
人，就不属于这个群体。正
因为有这种共同信仰，屈肢
蹲葬才能连续不断延续了几
千年之久。其实，对于甑皮
岩遗址屈肢蹲葬的来源，学
界还处于推测阶段，没有找
到确切的证据证明其来源。

1973 年甑皮岩遗址发现的屈肢蹲葬（桂
林甑皮岩遗址博物馆供图）

扫码获取更多资源

龙州宝剑山 A 洞遗址：
贝丘与岩洞葬的奇妙交响曲

宝剑山 A 洞遗址位于龙州县上金乡两岸村小岸屯左江右岸的一处悬崖上，在其旁边约 15 米的崖壁上就有花山岩画。

它是广西首次发现的一处"洞穴贝丘与岩洞葬叠加"的洞穴遗址，上部为岩洞葬遗存，下部堆积为贝丘遗址。它也是广西首次发现骨质剑形器、锯齿刃蚌器的洞穴遗址。骨质剑形器可能用于祭祀或是权力的象征，而锯齿刃蚌器可能用来切割或刮削食物。它曾经被大水淹过，洞内堆积层中有不少淤泥，岩洞葬的骨架也比较散乱，估计在遥远的古代这里曾经有一段多雨、洪涝的时期。

试想，"大禹治水"等故事也许并非传说，也许是宝剑山洞穴居民的子孙在多年后绘制出了花山岩画……种种推测，不由令人神往。

初见宝剑山 A 洞

◆▶◀◆

自 20 世纪 50 年代起，左江流域的考古调查慢慢铺展开。历经数十年的探寻，考古工作者在这片古老的土地上发现了众多遗址与古墓葬，有江州何村遗址、江边遗址、冲塘遗址、古坡汉墓群，龙州企鸟洞遗址、更洒岩遗址、八角岩遗址，宁明珠山洞遗址，扶绥吞云岭遗址、韦关遗址、狮子山洞穴遗址、下屯遗址、大新歌寿岩遗址、逐龙洞遗址、交岭战国墓等。它们如同散落的珍珠，串联起左江流域的古代文明。然而，宝剑山 A 洞的发现，却是一次意外的惊喜。

2010 年，第三次全国文物普查的号角吹响，广西文物考古研究所（今广西文物保护与考古研究所）携手各地文物部门，对左江流域进行了地毯式搜索。在众多遗址中，宝剑山 A 洞遗址因其独特的地理位置和神秘的气息脱颖而出，成为考古队眼中的"香饽饽"。

2010 年 9 月 8 日上午，左江的太阳格外炎热。在经历了多天的野外奔波后，以广西壮族自治区博物馆原副馆长蓝日勇为总领队、广西文物考古研究所（现广西文物保护与考古研究所）

杨清平和谢广维为副领队的考古队来到了龙州县上金乡两岸村小岸屯。考古队先到村屯里进行走访。村民们见有考古队员到来，异常兴奋，他们七嘴八舌，纷纷向考古队员介绍他们所见的"宝贝"和听到的各种传说。该村有几位青壮年男士专门去附近的洞穴寻宝，只要是他们去过的洞穴，都会在洞口插上一面红色的旗帜，以示洞穴被他们占据。尽管村民们所说的"宝贝"多数与考古调查无关，但考古队员仍然认真倾听，希望从村民的话语中寻找到蛛丝马迹。就在大家以为没有什么收获的时候，其中一位年轻人的说法引起了大家的注意。据这位年轻人所说，在村子的对岸有几个洞穴，有的洞穴发现考古队员所说的螺壳。事不宜迟，考古队当即租了一条渔船前往对岸调查。来到洞前，只见该洞位于宝剑山岩画南面约 15 米处的崖壁下岩洞内，洞口朝向东南，洞口距江面约 10 米，临江面为近乎垂直的崖壁，隔江为左江江岸一级台地。

面对近乎 90 度的崖壁，考古队员们犯了难，怎么才能爬上去呢？几位年轻的考古队员在村民的帮助下，硬是发挥出了专业攀岩队员的能力，徒手爬上了洞穴。后来，先遣队员在洞口系上一根粗绳，其余队员纷纷抓住绳索进入洞穴。进入洞穴后，考古队员们激动不已，只见地面散布着大量的螺蚌壳、石器、陶片、兽骨、人骨，毫无疑问是一个洞穴遗址。经过仔细观察，考古队员们基本可以确定，该洞穴遗址地层大部分没有被破坏。据村民们介绍，历史上龙州一带曾经有过一段时期，村民被动员去石灰岩洞穴中挖岩泥作为农业肥料，因此大部分洞穴的地层被挖掉了，后来在该洞旁边发现的一个距离江面较近的洞穴

龙州宝剑山 A 洞遗址：
贝丘与岩洞葬的奇妙交响曲

遗址也证实了这一点。队员们在庆幸该遗址得以保存的同时，将其命名为"宝剑山南洞遗址"，旁边另外一个洞穴遗址则命名为"宝剑山北洞遗址"。2013年再来发掘时，考虑到后续还有可能在该山体发现洞穴遗址，才将上述两个遗址分别改名为"宝剑山A洞遗址"和"宝剑山B洞遗址"。当天，考古队员们对采集的遗物进行了拍照、装袋、记录等工作。

宝剑山A洞遗址洞口外观

洞穴隐藏的秘密

宝剑山 A 洞遗址地面

考古队员抓住绳索爬入洞穴

　　为了更好地了解遗址的文化面貌，推进左江花山岩画文化景观申报世界文化遗产工作，2013 年 9 月初，广西文物保护与考古研究所联合相关文物部门开始对宝剑山 A 洞遗址进行发掘。发掘的领队由当时参与调查的杨清平研究馆员担任，队员主要由南宁博物馆的黄强、崇左市壮族博物馆的韦姗杉、广西师范大学硕士研究生陈紫茹等人组成。

龙州宝剑山 A 洞遗址：
贝丘与岩洞葬的奇妙交响曲

宝剑山 A 洞遗址位于宝剑山离水面大约 10 米的一处悬崖上，这个位置可以说是"前不着村后不着店"。因此，考古队每天必须通过在汽车与渔船之间换乘才能到达遗址。彼时，考古队每天清晨 6 点从龙州县城出发，驾车一个多小时到达两岸村小岸屯，之后再换乘渡船，行船约半个小时才能到达遗址。由于洞口临江且崖壁近乎垂直，在河段蓄水的情况下，洞口离水面大约 10 米，进入洞内相当困难，因此，当船到达遗址下方后，考古队员只能顺着预先架设好的 10 多米的悬梯爬进洞里。悬梯下左江激流奔涌，漩涡巨大，如果人不幸落入水中，就会瞬间消失在河里。队员们每天买一些面包或馒头带到船上，有

宝剑山 A 洞遗址现场调查

洞穴隐藏的秘密

宝剑山 A 洞遗址发掘现场

时叫开船师傅煮一点稀粥，这些就是队员们的午餐。最难解决的是大家的"如厕"问题。因洞穴不大，洞穴里面不可能有地方开设卫生间，好在得到老天"眷顾"，遗址洞口旁边有一个小小的岩石凹穴。于是大家就将这里作为天然的厕所，但如厕时必须小心翼翼，以免掉进河里。

尽管条件艰苦，但洞穴内的景象令人振奋。堆积层丰富且保存完好，最厚处竟达 2.5 米。随着考古队队员们手铲的缓缓

龙州宝剑山 A 洞遗址：
贝丘与岩洞葬的奇妙交响曲

挖掘，一件件珍贵的文物逐渐重见天日，仿佛在诉说着数千年前的故事。领队杨清平研究馆员曾在《左江花山考古感怀》一诗中这样写道："宝剑山，洞穴厅堂大，千年人骨休怒骂。骨器蚌铲最为美，手握铁铲慢慢挖。"

古人类生活的双重奏

◆▶◀◆

在广袤的中华大地上，我们总能发现那些隐藏在大自然中的古老秘密，它们如同一本历史书，默默地向我们讲述着古人类的故事。

2013 年宝剑山 A 洞遗址的发掘取得了令人振奋的发现，为我们揭示了古人类生活的双重奏——贝丘遗址与岩洞葬遗存的奇妙叠加。这两种古代遗存巧妙地叠加在一起的现象，不仅为广西乃至全国的考古界带来了新的惊喜，也为研究广西地区新石器时代晚期的古人类生活与丧葬习俗提供了宝贵的实物资料。

宝剑山 A 洞面积约 120 平方米，洞内堆积大致分为两个时期。下部堆积着贝丘遗址，是古人类居住生活的重要遗存。而上部则为岩洞葬遗存，显示了古人类对逝者安息之地的精心选择。这种独特的叠加现象在广西属首次发现，为我们揭示了古人类居住和丧葬习俗的多样性和复杂性。

在浩渺的历史长河中，贝丘遗址作为一种独特的古人类居住遗址，承载着丰富的历史信息和文化遗产。贝丘，又称"贝

龙州宝剑山 A 洞遗址：
贝丘与岩洞葬的奇妙交响曲

冢",是一种以含有大量古人类食用后抛弃的贝类为主要特征的古代遗址。贝丘多位于海洋、湖泊和河流的沿岸,广西南宁邕江沿岸的贝丘遗址便是其中的典型代表。中国的贝丘遗址不仅数量众多,而且时间跨度长,从新石器时代一直延续到青铜时代甚至更晚。这些遗址中的贝类堆积如山,犹如古人类生活留下的"垃圾堆"。这些"垃圾堆"不仅记录了古人类的生活痕迹,还揭示了古人类生活的多方面信息:他们依赖海洋、湖泊和河流等水域资源,以渔捞为主要生存方式。

在宝剑山 A 洞遗址的贝丘遗址文化层中,考古队不仅发现了大量贝类,还发现了石制品、蚌器等器物。石制品原料均为砾石,岩性有辉绿岩、硅质岩、石英等;器类有打制石制品、磨制石制品和加工工具,其中,斧锛类器物先对砾石原料四周进行打制再磨刃口的做法很有地方特色。蚌器有鱼头形穿孔蚌器、双肩蚌铲、锯齿刃蚌器等。这些遗物为我们揭示了古人类的生产生活技艺和审美观念。例如,石器中的打制石器、磨制石器等,展现了当时古人类的工艺技术和生产生活方式;蚌器中的蚌刀、双肩蚌铲、锯齿刃蚌器等,则为我们揭示了当时古人类对于江河资源的利用。值得一提的是,此次贝丘遗址文化层中的锯齿刃蚌器是首次在广西贝丘遗存中发现,之前在广西的其他地方从来没有发现过这种器物。锯齿刃蚌器精美绝伦,其独特的造型和精湛的制作工艺,体现了古人类对工具的精细追求和创新能力。这些锯齿刃蚌器原本是一些长约 10 厘米的普通蚌壳,边缘被打制成锯齿状的刃部,有专家推测是古人类用来切割和刮削食物的。

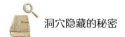

砍砸器

刮削器　　　　　　　　　　　　　石片

研磨器毛坯

斧锛类毛坯

宝剑山 A 洞遗址出土的器物

龙州宝剑山 A 洞遗址：
贝丘与岩洞葬的奇妙交响曲

同时，在贝丘遗址中发现的两处红烧土和三处墓葬等遗迹，为我们展现了古人类的生活场景和埋葬方式。两处红烧土遗迹厚5～10厘米，土色呈暗红色，土质结构结实，包含物主要有少量螺壳和一些火烧骨。三座墓葬基本保存完整，不见墓圹，均为屈肢葬，其中两座墓葬人骨背部及周围发现大量螺壳。

两处红烧土遗迹

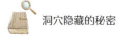

三处墓葬遗迹

龙州宝剑山 A 洞遗址：
贝丘与岩洞葬的奇妙交响曲

在宝剑山 A 洞洞穴中发现的岩洞葬的文化面貌，与下部的贝丘遗存形成了鲜明的对比，向我们展现了新石器时代晚期古人类生活的另一个方面。在宝剑山 A 洞的岩洞葬文化层中，出土器物包括陶器、石器、蚌器、骨器等类别，以陶器为主。石器均属于磨制石制品，包括石斧、石锛等类型，其中双肩石斧通体精磨，制作精美，不见使用痕迹。陶器数量多，器形有釜、罐、碗、钵等，主要以夹砂釜罐类为主，大部分为圜底器。大多数陶器为夹细砂、螺蚌壳粉陶，不见泥质陶，陶色不均。纹饰以细绳纹为主，见少量刻划的曲折纹、"S"形纹。少量陶器表面施薄陶衣，部分陶器底部、腹部有烟熏的使用痕迹，个别陶器内壁有疑似残留物的痕迹。蚌器主要有鱼头形蚌器、双肩蚌铲、束颈蚌铲等。骨质剑形器仅发现 1 件，为复式倒钩骨质剑形器以动物肢骨磨制而成，长约 20 厘米，短柄，手柄处呈"亚"字形格，长方形剑身，剑身两侧伸两组倒钩，均打磨得相当精细。此类骨器为广西先秦考古中首次发现。专家推测，其可能用于祭祀或是权力的象征。

　　同时，在宝剑山 A 洞遗址岩洞葬发现大量的人类骨骸。考古人员在发掘中发现，该洞穴堆积层中有不少淤泥，岩洞葬的骨架比较散乱地分布于这些淤泥当中，说明作为葬所的洞穴曾经被大水淹过。由于水浸等原因，岩洞葬人骨损坏及腐朽十分严重，看不出完整个体。后经室内整理，初步判断上下颌骨所示最小个体数为 9 例，髋骨所示最小个体数为 5 例，肱骨所示最小个体数为 3 例，跟骨所示最小个体数为 5 例，可确认的人骨最小个体数为 9 例。

双肩石器

磨制石器

磨制石锛

宝剑山 A 洞遗址出土的石器

宝剑山 A 洞遗址出土的陶罐

陶碗

陶钵 陶口沿

宝剑山 A 洞遗址出土的陶器

鱼头形穿孔蚌器   束颈蚌铲

骨质剑形器

宝剑山 A 洞遗址出土的蚌器及骨器

宝剑山Ａ洞遗址的贝丘遗址与岩洞葬遗存的奇妙叠加现象，构成了远古人类生活的二重奏，为我们提供了一个独特的视角来观察新石器时代晚期人类的生产、生活场景。通过对这些遗存的研究，我们可以更加深入地了解古人类的生活方式、经济活动和宗教信仰等方面的信息，进一步揭示古人类社会的复杂面貌。随着考古工作的进一步开展和研究工作的深入进行，有关遗址背后的故事将更多地被发现，古人类居住和丧葬习俗等多方面的秘密将进一步得到揭示，人类了解远古世界的大门将进一步被打开。

龙州宝剑山Ａ洞遗址：
贝丘与岩洞葬的奇妙交响曲

探寻宝剑山与花山岩画的"不解之缘"

◆ ▶◀ ◆

在广西左江流域的龙州的文化地图上，宝剑山 A 洞遗址和花山岩画无疑是最耀眼的两颗明珠。它们之间是否存在某种联系？这个问题一直困扰着考古学家和历史文化爱好者。

龙州宝剑山 A 洞遗址洞内面积约为 120 平方米，洞内堆积大致分为两个时期。上部为岩洞葬遗存，下部堆积为贝丘遗址，这种独特的叠压方式在广西地区是首次发现，为我们揭示了新石器时代晚期人类的生活方式和文化特征。考古专家推测，龙州宝剑山 A 洞遗址中岩洞葬遗存的主人可能是骆越人的祖先。

花山岩画以其独特的艺术风格和丰富的文化内涵吸引了众多专家学者和游客的关注。岩画上的图像以人物、动物和器物为主，以朱砂红色为主色调，展现了庄严而又欢快的祭祀活动场面。据专家考证，左江花山岩画绘制于战国至东汉时期，已有 2000 多年的历史。这些岩画不仅记录了古代骆越人的生活场景和祭祀场面，还为我们提供了研究古代艺术、历史和文化的重要线索。

那么，宝剑山 A 洞遗址的主人是不是花山岩画的主人呢？

这个问题目前尚无定论。但无论如何，宝剑山A洞遗址和花山岩画都承载着左江流域古代文明的光辉与荣耀。它们之间的不解之缘也将继续激励着我们去探索、去发现、去解读那段遥远而神秘的历史。

事实上，从分布范围、文化背景来看，两者都位于广西左江流域，且都涉及了人类生活、祭祀和墓葬等方面的内容。这让我们不禁思考，在那个遥远的时代，生活在同一地区的人们是否共享着相似的文化和生活方式？如果是这样，那么宝剑山A洞遗址的主人与花山岩画的主人之间，是否存在着某种联系或传承？

当然，要解答这些问题并不容易。我们可以依据现有的文献资料和考古发现来分析。

首先，从空间上看。据文献记载，骆越人有自己的地理活动空间。目前学术界普遍认为，历史上骆越人的大致活动范围为秦朝的南海郡、桂林郡、象郡，以及汉朝的儋耳、珠崖、南海、苍梧、郁林、合浦、交趾、九真、日南等郡，相当于今广西南部和西北部、广东东部、海南岛，以及越南北部的红河流域，而广西左江流域属于骆越人的中心聚居地。从目前发现的考古遗存来看，左江流域早期考古遗存在地理空间分布上位于骆越人活动范围的核心区，说明该地考古遗存和骆越人之间一定有其内在的空间联系。

其次，从遗址的地层堆积和遗物出土情况来看，左江流域遗存的主要类型——贝丘遗址、大石铲遗址、岩洞葬遗存在时间和文化面貌上处于连续发展的不同阶段。

宝剑山 A 洞遗址外观全景

一方面，贝丘遗址、大石铲遗址、岩洞葬遗存在地层上存在叠压（打破）或共存关系。考古工作者在 2014 年对扶绥敢造贝丘遗址进行发掘时，根据地层堆积情况和遗物特征将遗址分为四期，其中第一期至第三期属于新石器时代。第一期和第二期为贝丘遗址，出土物为石器、陶器及动物遗骸等；第三期出土 6 件大石铲，均在灰坑中出土，这些灰坑打破了第一期和第二期的地层，说明大石铲年代晚于贝丘遗址。2003 年，考古工作者在清理武鸣弄山岩洞葬时发现了 7 件大石铲。这些大石铲在石料、器型及加工方法上与大石铲遗址或者其他地点出土的大石铲完全相同，表明大石铲到了先秦岩洞葬时期仍然存续。2013 年发掘的龙州宝剑山 A 洞遗址的文化遗存大致可分为两期，上部堆积为岩洞葬遗存，下部堆积为贝丘遗存，这是目前广西发现的唯一一组岩洞葬遗存和贝丘遗址堆积叠压的关系，从地层关系上确认了岩洞葬遗存和贝丘遗址之间的早晚关系。由此可以从地层上判断，贝丘遗址、大石铲遗址、岩洞葬遗存在时间上是从早到晚的关系。

另一方面，从文化内涵来看，贝丘遗址、大石铲遗址、岩洞葬遗存三者之间具有延续性。例如，岩洞葬中较常见的高领陶罐（釜）在南宁顶蛳山贝丘遗址第三期、横州江口遗址中就已出现，刻划纹在西津等年代较晚的贝丘遗址中也已存在。岩洞葬中的陶器，特别是与顶蛳山遗址第四期文化遗址的陶器在器型、纹饰上有较多的相同或相似之处，说明它们的关系可能极为密切。又如，大石铲被认为是从双肩石斧衍生出的一种器型，与贝丘遗址中的有肩石器应有一定的关系。大石铲遗址中的石器主要是有肩石器，以双肩居多，少量为单肩，部分为无肩长条形，特别是有肩的大石铲占绝大多数，斧、锛类的有肩石器数量相对较少。岩洞葬中的石器均为通体磨制，大量为有肩石器，有单肩和双肩，双肩的斧、锛类较多，单肩石器较少。贝丘遗址、大石铲遗址、岩洞葬遗存中的有肩石器形态大体相同。就左江流域而言，有肩石器是寻找贝丘遗址与大石铲遗址相互间关系的重要器物。

至于贝丘遗存与岩洞葬的关系，宝剑山 A 洞遗址不仅从地层上确定了它们之间的早晚关系，还从文化面貌上显示出彼此之间的关联性。根据出土遗物形制、文化堆积等方面的特征，可看出龙州宝剑山 A 洞第一期文化以蚌铲居多；第二期文化以陶器居多，见少量斧锛类石器。从鱼头形蚌器、锛、斧类石器形制特征来看，宝剑山 A 洞遗址第一期与第二期文化大致衔接，在文化面貌上具有发展的连续性。以鱼头形蚌器为例，贝丘遗址中发现的鱼头形蚌器制作粗糙，利用蚌壳的自然形状制作成鱼头形态，对原材料不够讲究，选择的蚌壳一般比较薄，且表面不光滑，鱼头的造型也不够精美；岩洞葬时期，鱼头形蚌器沿用部分贝丘堆积层鱼头形蚌器造型，工艺更精致，选料更讲究，选择较厚的蚌壳打磨成鱼的形状，蚌壳表面经过细致打磨，与贝丘堆积层的鱼头形蚌器相比更加精美。宝剑山 A 洞遗址第二期遗存主体年代为新石器时代晚期到商代，少数墓葬的年代有可能晚至东周。

总体来看，贝丘遗址、大石铲遗址、岩溶葬之间在地层关系和文化面貌上均体现出连续发展的关系。

龙州宝剑山 A 洞遗址：
贝丘与岩洞葬的奇妙交响曲

与此同时，考古队员在宝剑山 A 洞遗址旁边约 10 米的崖壁上发现有花山岩画。有学者研究认为，岩画中表现的精神信仰与早期考古遗存所表达的精神信仰应该有着密切关系，说明这里的考古遗存和岩画之间一定有内在的必然联系。

双肩蚌铲

锯齿刃蚌器

鱼头形穿孔蚌器

宝剑山 A 洞遗址出土的器物

洞穴隐藏的秘密

由于左江花山岩画与左江流域早期文化遗存在空间上具有同一性，在文化发展上具有连续性，因此在族属方面可能具有同一性。关于左江花山岩画的族属问题，学者们从考古学、民族学、文献学等角度进行了详细的探讨，发现历史上出现过"壮族说""西原蛮说""苗瑶先民说""骆越说""瓯骆说"等几种主要观点。目前学界已经基本达成共识，认为从左江地区古代族群的分布、岩画内容与骆越人文化特征之间的关系等方面看，左江花山岩画应该是古代骆越人留下的遗存。如前文所述，左江流域早期文化遗存地域特征鲜明，在时间上，由于贝丘、大石铲、岩洞葬这三种重要遗存大致衔接，在文化面貌上早期和晚期之间也有一脉相承的关系，因此，可以推测骆越人及其先民是左江流域早期考古学文化的创造者，也是花山岩画的绘制者。与前期相比，到战国秦汉时期，左江流域文化面貌发生了一些新的变化，骆越人将他们的某种精神信仰通过手绘方式永久地留在了左江岩壁上，形成了独具特色的左江花山岩画，岩画中表现的精神信仰与早期遗存所表达的精神信仰有着传承关系。岩画中的很多器物在骆越文化遗存中能找到原型，如岩画中的羊角钮钟、铜鼓、矛等图像在骆越人分布地区的文化遗存中均能够找到。

　　概之，在广西左江流域，贝丘遗址、大石铲遗址、岩洞葬遗存、花山岩画都是当地古人类重要的文化表现形式。岩洞葬作为一种特殊的墓葬形式，不仅体现了人类对死亡和灵魂的认知，还反映了他们的社会结构和宗教信仰。而花山岩画则以其独特的艺术风格和丰富的文化内涵，为我们揭示了古代骆越人

龙州宝剑山A洞遗址：
贝丘与岩洞葬的奇妙交响曲

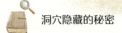

花山岩画景观

龙州宝剑山 A 洞遗址：
贝丘与岩洞葬的奇妙交响曲

的生活场景和祭祀场面。因此，虽然宝剑山 A 洞遗址与花山岩画在时间和文化特征上存在差异，但是它们均为左江流域骆越人及其祖先创造的财富，都是人类文化遗存的重要组成部分。

尽管如此，要想将宝剑山 A 洞遗址和花山岩画直接联系起来还需要更多的证据支持。未来，随着考古工作的不断深入，我们或许能够揭开这两处遗址之间关联的神秘面纱。

那坡感驮岩遗址：
岭南与岭北文明的神秘邂逅

牙璋是四千多年前神州大地华夏文明公认的礼仪重器，是王权的象征，也是早期中国国家文化的符号。它如同一块璀璨的宝石，镶嵌在历史的长河中。

然而，千年之后，这股来自中原的王者之风，为何会穿越千山万水，吹拂到遥远的八桂大地？是中原大国的深情召唤，还是八桂先民对礼仪文明的仰慕向往？

故事的开始，要从一个位于边陲小县城——那坡的感驮岩遗址说起。

那坡感驮岩遗址是目前广西唯一完整呈现出新石器时代晚期至青铜时代这一阶段文化的考古遗址，填补了广西史前文化的空白。

感驮岩人的世外桃源

◆▶◀

　　那坡县位于广西壮族自治区西南边陲，云贵高原南端，西北与云南相邻，南部与越南接壤。在那坡县城北约 500 米的后龙山脚下，有一个名为感驮岩的天然岩洞。感驮是壮语"甘达"的音译，意为"岩洞之河"。感驮岩洞口向西，洞内南侧有一泉水流出，注入洞前人工围造的团结湖。感驮岩遗址洞口高出湖面约 5 米，洞高 10～20 米、宽 20～70 米、进深 30～50 米。洞室南部近洞口处为历代衙署及庙宇遗迹，后有巨型钟乳石柱；洞室内明亮、干燥。岩洞依山傍水，幽雅开阔，是一处可供人类生存的理想场所。自新石器时代以来，在这个洞穴内一直有人类居住，并一直延续到青铜时代。

　　1958 年，一次偶然的机会，当地农民在挖取岩泥时，意外发现了这处沉睡数千年的宝藏之地。大量磨制石器和陶片重见天日，仿佛揭开了历史的神秘面纱。1962 年，广西壮族自治区博物馆迅速组织考古队对感驮岩进行试掘，确认这是一处新石器时代遗址。2006 年，感驮岩遗址被国务院列为"全国重点文物保护单位"，成为广西史前文化的重要篇章。

感驮岩遗址外观（那坡县博物馆供图）

感驮岩遗址洞口（那坡县博物馆供图）

那坡感驮岩遗址：
岭南与岭北文明的神秘邂逅

感驮岩遗址"全国重点文物保护单位"标志牌（那坡县博物馆供图）

　　1962 年试掘之后，当地群众在洞内干枯的河床中不时捡到磨制石器和夹砂绳纹陶片，这些古代器物引起了考古人员的高度关注。为了弄清感驮岩遗址的保存情况，1997 年 8 月—1998 年 1 月，在韦江的带领下，广西壮族自治区文物工作队（现广西文物保护与考古研究所）和那坡县博物馆联合对该遗址进行抢救性发掘，发掘总面积约 380 平方米。经过仔细的科学考古发掘，发现墓葬 3 座、灰坑 1 个、用火痕迹多处，完整的石、骨、蚌、陶器等器物千余件。文化堆积时间跨度较大，距今 4700—2800 年。感驮岩遗址文化遗存可分为两期：第一期的遗存年代为距今 4700—3800 年，属于新石器时代晚期；第二期的遗存年代为距今 3800—2800 年，属于青铜时代早期。

　　感驮岩遗址第一期属于新石器时代晚期遗存，出土陶器、

感驮岩遗址发掘现场（广西文物保护与考古研究所供图）

那坡感驮岩遗址：
岭南与岭北文明的神秘邂逅

石器、骨器以及数量较多的动物骨骸、螺壳等。陶器主要器型
有罐、釜、杯、杯形鼎等；纹饰以绳纹为主，还有篮纹、乳丁
纹、锯齿状附加堆纹、复线水波纹、短线纹、"S"形纹、戳印
篦点纹和菱形镂孔等。文化面貌与武鸣弄山岩洞葬、武鸣岜旺
岩洞葬、马山六卓岭遗址、都安北大岭遗址新石器时代晚期、
大新歌寿岩遗址及邕宁顶蛳山遗址第四期相似。石器主要有打
制石器和磨制石器两种类型，以砂岩和变质岩作为原料，通过
打制、磨制、切割、钻孔等技术进行加工制作，器型主要有刮
削器、石刀、斧、锛、杵等，其中有肩石斧、有段石器磨制精
美。骨器有骨锥等。

感驮岩遗址第二期属于青铜时代早期。这一期文化遗存更
加丰富，制作更加精致，器表光滑细腻。出土器物有陶器、石
器、玉器、骨器、角器等，还出土了动物骨骸和牙齿等。器物
以精致的磨制石器为主，陶器仍为手制夹砂陶，部分器物火候
很高。流行圈足器和圜底器，以圜底器为主，不见三足器；器
型种类增多，有罐、釜、杯、盆、壶、簋、尊等，另外还有数
量较多的施刻同心圆纹的陶纺轮；纹饰仍以绳纹为主，各式的
刻划纹也比较流行，戳印篦点纹增多，附加堆纹少见，表面磨
光的陶器大量出现，保留在绳纹上施刻划纹的风格，新出现彩
绘和戳印、刻划组合纹。骨器数量丰富，有铲、锥、匕、簪和
牙璋等，年代相当于商代。其中，最具代表性的便是牙璋。这
件小小的牙璋，不仅展示了当时高超的制作工艺，更揭示了商
代时期广西西南部地区已迈入文明门槛的历史事实。

石斧

石锛

石锛

骨锥

感驮岩遗址出土的器物（第一期）（广西文物保护与考古研究所供图）

那坡感驮岩遗址：
岭南与岭北文明的神秘邂逅

陶罐

陶簋

陶壶

陶纺轮

感驮岩遗址出土的器物（第二期）（广西文物保护与考古研究所供图）

石锛

石矛

石镞

石锛

玉玦

石质装饰品

骨锥

感驮岩遗址出土的器物（第二期）（广西文物保护与考古研究所供图）

那坡感驮岩遗址：
岭南与岭北文明的神秘邂逅

牙璋搭起岭南与中原的文明桥梁

◆▶◀◆

在感驮岩出土的 1000 多件文物中，牙璋无疑是最引人注目的。它通长仅 5.8 厘米，相当于成人食指长，呈暗红色至灰黑色，杂有灰白色斑点。这件牙璋刃端用动物肢骨的骨密质部分或动物的角体切割琢磨而成，整体呈略弧的扁长条形，柄部两侧有阑和小齿。从目前公开的考古资料来看，四川三星堆遗址、金沙遗址也出土了类似的小体形玉质牙璋。这件小小的牙璋，不仅是一件精美的艺术品，更是一段历史的见证。

"牙璋"一词最早见于《周礼》，但书中没有描述牙璋的形状，因此后人一直不知其为何物。直到清末，金石学家吴大澂在《古玉图考》中，才把这种带柄端、刃有扉牙的刀形古玉称作牙璋。它通常呈扁薄长条形，柄部有孔，前端有凹弧刃、Y 形刃或斜平刃。在璋身与柄部相接处的两侧边缘，有凸起的扉牙。材质上牙璋多为玉石制作，少数为金、骨、铜质地。从目前公开的考古资料来看，牙璋首次发现于山东地区。在山东大汶口文化发现的牙璋距今约 4700 年，而在山东龙山文化出土的牙璋距今约 4300 年。在夏商时期，牙璋得到发展，商代晚期则逐渐消失。

在牙璋风行的约1500年时光里，它为何人所制，用途何在？《周礼》有载："牙璋，以起军旅，以治兵守。"唐代诗人杨炯的《从军行》中载有"牙璋辞凤阙，铁骑绕龙城"的诗句。也就是说，古人认为牙璋的作用相当于后来的虎符，用于军事指挥。但随着更多考古资料的发现，当代学者对其军事用途表示怀疑甚至否定，认为它更可能是用于祭祀山川之神的礼器。三星堆遗址出土的一件小铜人，两臂平伸，手持一端开叉、双齿朝天的牙璋作祈祝状，就是牙璋作为祭祀礼器的生动写照。二里头文化时期，牙璋的风格和功能出现显著变化，有学者认为，牙璋极有可能是夏朝核心的礼器。随着王朝的扩张，牙璋越过长江，传播至古代中国的四方。它横跨东西，纵横南北，分布在古代中国辽阔的疆域内。

感驮岩牙璋的发现不仅揭示了当时复杂的社会制度和文化特点，更展现了边疆民族地区和中原文化的高度融合。这件小小的牙璋，既融合了中原文化的精髓，又融入了岭南地区的独特风情；既见证了中华文明在形成发展过程中王朝认同、文化

感驮岩遗址出土的牙璋（广西文物保护与考古研究所供图）

那坡感驮岩遗址：
岭南与岭北文明的神秘邂逅

认同和礼制认同的格局面貌，也标志着感驮岩遗址文明的发展达到了新的高度。

"礼"是中国古代传统文化的核心之一。穿过漫长的历史长河，通过考古我们可以看见，牙璋就是当时礼制的体现。目前，中国境内发现的牙璋有400余件，感驮岩遗址出土的这件牙璋是迄今为止广西考古发现的唯一一件。

感驮岩遗址出土的这件牙璋，它究竟从何而来？有专家推测，这件牙璋有可能是在本地制作的。专家认为，通长只有5.8厘米的牙璋，如果作为一种商品交流，貌似没有这个必要。当然，这件牙璋出现在那坡这个边陲小县城，说明感驮岩遗址的先民肯定见过这类器物，有可能是古代四川地区牙璋在南传越南过程中影响到当地文化而出现的，是岭北文化传播的产物。由于感驮岩出土的牙璋在质地和尺寸上与真正意义上的牙璋有不小的差别，因此它的用途也可能与其他地方发现的牙璋有所区别。从牙璋埋藏的环境看，周围似乎存在原始祭祀活动，这件牙璋可能在当时的祭祀中扮演了祭祀礼器的重要角色。殷商推翻夏朝后，作为夏朝王权象征的牙璋，在中原地区逐步退出了历史舞台，然而在边远地区，夏朝仍然有着强大的影响力。在遥远的岭南，一部分广西先民可能还受牙璋的影响，将牙璋独有的器形与广西独有的大石铲相结合，制作出体形修长、带有扉牙的大石铲。有专家认为，大石铲跟牙璋有很密切的关联，特别是晚期的一些大石铲。从整体结构来说，大石铲的一些制作工艺其实跟牙璋是相似的，只是刃部不同，大石铲可能就是牙璋的一种变形。由此可推断，小小的牙璋背后，蕴含着夏朝的影响力密码。

　　此外，广西地区考古首次发现的这件牙璋同时也有可能是中越文化交流的见证者。在邻近的越南曾出土不少与感驮岩遗址出土的类似的牙璋。越南牙璋主要发现于北方的冯原文化，为玉质牙璋。在这些越南牙璋中，有一种牙璋制作十分精细，它有两处阑，其间有五排锯齿，阑上一处带小齿饰，有若干阴线弦纹，与我国中原地区的牙璋风格相同，像四川广汉三星堆出土的牙璋。那么，越南冯原文化的牙璋是怎么来的？它是直接输入还是本地仿制？学者们仍有不同看法。有越南学者认为，冯原文化的玉质牙璋是用当地原料制作，不是外地传入的。但大多数学者认为，该牙璋是在商代从我国中原经由广东、广西或四川、云南直接输入越南的。牙璋的传播有两条路线，分别为：一条在东边，经我国香港、广州沿海到越南；一条在西边，从我国四川广汉三星堆经云南到广西，再到越南。有专家根据冯原牙璋与三星堆遗址牙璋的相似性，指出商文化是从四川和云南这个方向传入越南的。而那坡感驮岩遗址位于我国四川、云南与越南冯原之间，南距越南高平省河广县约 80 千米，位于红河支流百南河的上游，是这条文化交流路线中的一处重要通道。因此，感驮岩牙璋的发现为研究中越两国间的历史文化交流提供了很重要的线索。

那坡感驮岩遗址：
岭南与岭北文明的神秘邂逅

与周边文化交融的陶器印记

◆▶◀

在感驮岩的尘土之下，一枚小小的牙璋悄然诉说着夏商王朝的辉煌与影响。这不仅是一件精美的骨器，更是夏商王朝文化远播岭南的铁证。遗址中其他陶器的出土，则如同一幅幅生动的画卷，描绘着外来文化与本土文化相互交融的奇妙景象。

陶器，作为新石器时代的标志性器物，在感驮岩遗址中扮演着重要角色。感驮岩遗址第一期文化遗存出土的陶器以夹砂陶为主，灰褐色、红色和红褐色交织；圈足器、三足器和圜底器形态各异，罐、釜、杯、鼎等器型琳琅满目。绳纹、篮纹、乳丁纹等纹饰交织其间，宛如一部古老的美术史。这一时期出土的杯形罐的造型与云南永平新光遗址的侈口罐比较相似，高领罐与邕宁顶蛳山第四期的相近。尤为引人注目的是一件距今约4700年的三足罐，其造型独特：圆锥状三足微外撇，足下可生火加热食物，口沿下饰刻复线水波纹，腹部刻划"S"形勾连纹。这种三足器在湖南、江西、广东等地也有发现，显然受到了外来文化的影响。从年代来看，这种三足器流行于我国新石器时代晚期，到了商周时期，与其形态相似的铜质三足器成

感驮岩遗址出土的三足罐（第一期）（广西文物保护与考古研究所供图）

为青铜器中的重要礼器。

　　感驮岩第二期文化遗存属于青铜文化早期，距今3800—2800年，大致相当于中原地区的商周时期。这一期出土的陶器承袭了第一期陶器的特点，磨光陶器增多，器形更加丰富，出现了大口釜、壶、杯和带提耳的器物，三足器逐渐消失，圜底圈足器依然盛行。人们开始在器物上作画，刻划填绘和填充戳印纹的带状刻划纹成为新的风尚。值得一提的是，这一期感驮岩遗址出土的陶壶与武鸣岜马山商代晚期岩洞葬出土的同类器物基本相同，出土的高领折肩罐与广东东莞村头遗址的罐相似，在绳纹上加刻划纹和在打磨的器表上饰填充戳印纹的带状刻划纹及彩绘等装饰风格也见于越南冯原遗址的陶器上。有专家认为，这些精美的陶器工艺，其源头或许可以追溯至遥远的西北地区。

那坡感驮岩遗址：
岭南与岭北文明的神秘邂逅

青铜之光辉映感驮岩的时代缩影

◆ ▶◀ ◆

　　青铜器，作为文明的重要标志之一，其铸造技术见证了人类从原始走向文明的辉煌历程。虽然感驮岩遗址中并未直接出土青铜器，但出土两件残损的铸铜石范和一件完好的范芯，为广西青铜文化的研究提供了重要线索。这些石范的发现，证明感驮岩的先民已经掌握了自主铸造青铜器的技术，由此进入了青铜时代。

　　中国早期青铜器基本采用范铸法进行铸造，在陕西石峁、山西东下冯等约 4000 年前的遗址中，均出土了用来铸造青铜器的石范。因石范不耐高温，又难以塑形，到二里头时代晚期，即距今约 3.7 万年，便渐渐被陶范、泥范所替代。

　　石范作为早期青铜文化的典型器物，在感驮岩遗址中被发现，证明当时的先民已经具备了自主铸造一些诸如刮刀、匕首等青铜器物的能力。我们从石范本身来看，感驮岩石范的形制比较简单，推测在青铜时代早期常用于铸造小型工具。从考古资料来看，感驮岩石范的特点与粤港地区青铜时代早期所使用的石范是一致的，均以砂岩制成，采用双面合范技术，用以铸

感驮岩遗址出土的石范（广西文物保护与考古研究所供图）

造小型的工具。感驮岩石质范芯与江西吴城遗址出土的也很相似。从石范的使用规律来看，各地青铜时代早期铸造和使用小型工具是一种普遍现象：如二里头文化早期的青铜器中，各类小型工具占有相当比例；又如，广东地区青铜时代早期遗存中，也多见小型的铸范工具。

从目前的考古资料来看，广西地区出土的先秦青铜器较多，出土的地点涉及二十几个县市，其中不乏精绝之作，这说明广西地区在先秦时期存在较高水平的青铜文化。长期以来，由于文化发展框架的不完善和考古编年的缺失，人们对广西青铜文化的整体面貌还不太清楚，对早期青铜文化的认识则更加模糊，学者们对于广西进入青铜时代的具体时间则争论不休。

那坡感驮岩遗址：
岭南与岭北文明的神秘邂逅

在感驮岩遗址发掘之前，广西出土最早的青铜器是武鸣马头的商代晚期铜卣和铜戈。这些精美的青铜器极有可能不是本地制造的产物，而能够证明自主铸造青铜器的证据，则是马头元龙坡墓地出土的石范，其年代约为西周时期。那么，感驮岩石范的年代是否更早呢？

要判断器物的年代，可以将器物与其他遗址已经确定年代的典型器物进行比对，如感驮岩遗址圈足陶罐与东莞村头遗址圈足陶罐相似；又如感驮岩遗址石范与广东中山龙穴遗址和广东珠海棠下环遗址出土的石范十分相似，年代应该也相去不远，为距今4000—3000年。为了更准确地确定感驮岩遗址的年代，考古学家们采用了碳-14测年法，通过对遗址中出土的炭化稻谷、粟米等样本进行检测，发现与石范同期的碳化稻样本年代相当，为距今3300—3000年，大约处于商代中晚期。这说明广西先民进入青铜时代的时间与岭南周边族群进入青铜时代的时间基本一致。

见证广西古代文明的第一缕曙光

◆ ▶◀ ◆

感驮岩遗址以其丰富的文化内涵和独特的文化魅力，昭示广西地区在距今约 0.4 万年迎来了第一缕文明的曙光。这时的感驮岩人，已经学会了制作青铜器和各种精美的石器、陶器，手工业技术发展得到极大提升。到了距今 0.3 万多年，整个社会进入了青铜时代。牙璋、祭祀遗存的发现，表明当时或许出现了集神权、军权于一体的王权。陶器、石器、骨器中的外来文化因素以及牙璋、粟米的发现，显示当时对外文化交流已经相当频繁，长途贸易或许也已经产生。感驮岩人在吸收外来文化的过程中不断发展自身文化，使其不断壮大，以至武鸣河流域以及西江、右江上游一带都成为感驮岩文化的主要分布区域。考古学家在武鸣地区的先秦岩洞葬内发现了不少感驮岩文化类型的器物。这种文化现象的出现，不仅展现了感驮岩文化在岭南地区的广泛传播和影响，更揭示了不同文化类型之间的交流与融合。随着商亡周兴，周文化对周边地区产生强烈影响，促使岭南地区进入了一个迅速发展的时期。我们是否可以推测，感驮岩人的势力在这一时期也迅速扩张，与左江、右江等流域

那坡感驮岩遗址：
岭南与岭北文明的神秘邂逅

的族群，尤其是武鸣马头等地的族群融合，形成了一个更大的族群——骆越人，从此绽放出更加瑰丽多彩的骆越文明之花。

文明因交流而多彩，文明因互鉴而丰富。在感驮岩遗址丰富的遗存中，无论是制陶、铸造青铜等工艺，还是炭粟、牙璋等器物，都是交流互鉴的结果。这种在文明诞生初期就展现出来的互相借鉴、兼收并蓄的能力，彰显了中华文明绵延不断、生生不息的核心特质。感驮岩文化不仅根植于本地的文化积累，也吸收了外来的文化因素，最后融入中华文明的大熔炉中。在中华文明多元一体格局的形成过程中，它犹如一条小溪，慢慢流淌，最终汇入大海。

感驮岩遗址（那坡县博物馆供图）

洞穴隐藏的秘密

后 记

　　每一件石器、陶器、骨器和蚌器，都如同历史的碎片，拼
凑出一幅幅生动的历史画卷；而每一处洞穴，也许是古代人类
寻求庇护、寄托精神的温馨家园。广西地处岭南，是世界上喀
斯特地貌发育最为良好的地区之一，千奇百怪的岩溶洞穴是其中
重要的景观。在那些洞口朝向适宜、空间宽敞且水源丰富的洞
穴中，远古人类找到了他们理想的栖息地。这些洞穴不仅为他
们遮风挡雨，还能抵御恶劣天气和野兽侵袭，是他们生产和生
活的场所。古人凭借着自己的智慧和毅力，在洞穴中创造了辉
煌的远古文明；同时，洞穴亦是他们灵魂的归宿，死后也在此
安息，从而实现人与自然的和谐共生。

　　本书由我和陈紫茹共同完成。我大学毕业后进入广西考古
领域，至今已历三十春秋。在这漫长的岁月里，我调查并发掘
了大量的洞穴遗址，深切感受到了广西的洞穴遗址里蕴含丰富
的历史与文化。陈紫茹在跟随我实习时便接触到了洞穴遗址的
发掘工作。后来在参与我主持的项目过程中，她又投入了大量

的时间和精力进行洞穴遗址的调查与资料整理。作为考古工作者，我们深感责任重大，希望通过这本书，以通俗易懂、图文并茂的方式，将广西洞穴遗址及其背后的文化内涵与动人故事呈现给广大读者。由于篇幅有限，本书只是选择了部分典型的、重要的、有代表性的洞穴遗址加以介绍，希望读者通过阅读本书，能够以管窥豹，了解洞穴遗址所展示的广西古代文明史，感受考古工作者在考古现场所经历的艰辛与快乐。

在本书付梓之际，衷心感谢所有为本书出版提供支持与帮助的领导、同事、同行和朋友，是你们的支持与鼓励，让我们得以将这本书呈现给读者。

杨清平

2024 年 9 月

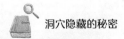